Inhalt

W0076672

Vorwort..6

Einführung...7

TEIL I: Das allgemeine Geldbewusstsein 11

Die Bedingungen für Glück... 12
Wichtige universale Leitsätze.. 12

TEIL II: Das persönliche Geldbewusstsein 15

Die subjektive Einstellung zum Geld 15
Die individuelle Bedeutung von Geld................................ 17
Der Umgang mit dem Euro..21
   Der Euro als Zahlungsmittel.. 21
   Anordnung im Portemonnaie 23
   Verwendung eines Geldsymbols 26
Anrufung »lichter« Spiritualberater in Geldangelegenheiten...27

TEIL III: Grundlagen des energetischen Arbeitens 29

Der Lichtkörper des Menschen 29
   Die Bewusstseinsebenen 29
   Die Energieformen 32
   Die Aurabereiche 38
Der physische Körper des Menschen 39

TEIL IV: Was den Geldfluss hemmt 41

Die »künstliche Matrix« 41
Ahnenprogramme 42
Verdichtungen 45
  Im Bereich der Spiritualaura 45
  Im Bereich der Mentalaura 48
  Im Bereich der Astralaura 51
  Im Bereich der Fluidalebene 52
  Karmische Muster 55
Die Auflösung von Verdichtungen 57
  Rituale 57
  Affirmationen 59
Der Umgang mit Anhaftungen 62
  Typische Anhaftungen
  eigenständiger Wesenheiten 62

TEIL V: Spirituelle Methoden zur
Heilung des Geldbewusstseins 69

Allgemeine Grundlagen 69
Aufbauende Eigenschaften im
individuellen Umgang mit Geld 71
  Eigenliebe stärken – Liebe sein 71
  Vom positiven Denken zum positiven Leben 73
  Der freie Wille und die Macht der Gedanken 74
  Der »Innere Heiler« 76
  Der »Innere Saboteur« 77

Die Urquelle wünscht sich, dass es Ihnen gut geht 78

Die bewusste Eigenprogrammierung 80

Glaube schafft Wirklichkeit 83

Fülle annehmen – Freude abgeben.. 86

Mangel an Dankbarkeit führt zu Armut 88

Techniken aus dem hawaiianischen Huna-Gedankengut 89

Die Umpolung von Negativpotenzialen –
Ho Olilo Mana'o.. 89

Das mühelose Erreichen materiellen Wohlstands – Holopono......... 94

»Immer locker bleiben« – Holo Holo... 99

Reinigung und Heilung mit Liebe – Ho'oponopono........................ 105

Wertschätzung der eigenen Kreationen – Ho'pomaika................... 110

Gebet zur Wunscherfüllung – Haipule 116

Ausblick 123

Anhang 126

Über den Autor... 133

Literatur.. 134

Abbildungsverzeichnis... 135

Vorwort

Im Leben zahlreicher Menschen nimmt neben dem Streben nach Liebe jenes nach Geld eine beherrschende Rolle ein. Beides wird jedoch von vielen nicht in genügendem Maße wertgeschätzt. Gerade spirituell Suchende zeigen häufig ein gestörtes Verhältnis zum Geld, wofür es zahlreiche Gründe gibt. Generell stecken meist karmische Programme und Negativpotenziale, auch aus früheren Inkarnationen, dahinter.

Geld folgt – wie alles Sein im Kosmos – bestimmten Geistigen Gesetzen, die nichts mit Glück oder Zufall zu tun haben. Diese zu kennen und bewusst anzuwenden, macht Sie zum Lenker Ihres eigenen Schicksals und ist somit die Grundlage für anhaltende Gesundheit, Erfolg, Wohlstand und Reichtum.

Ein gestörtes persönliches Geldbewusstsein bedarf jedoch zunächst einer Heilung, um ohne schlechtes Gewissen zu finanzieller Freiheit, materieller Unabhängigkeit und Reichtum kommen zu können.

Ich bin Heidi und Markus Schirner sehr dankbar, dass sie mir die Gelegenheit geben, mich eingehend mit diesem für jeden wichtigen Thema zu beschäftigen. Mein besonderer Dank gilt, wie immer, meiner Frau Gerlinde Stelzl-Hartmann für ihre Geduld und ihr Verständnis sowie meiner Assistentin Martina Oberdorfer für ihre wertvolle Unterstützung.

Ihnen, liebe Leserin und lieber Leser, danke ich ebenfalls für Ihr Interesse und wünsche Ihnen von Herzen viel Freude bei der Lektüre und der praktischen Umsetzung des Gelernten – sowie viele positive Erfahrungen in Ihrem Leben.

Einführung

Geld bestimmt schon seit Jahrtausenden das Leben der Menschen. Daher ist es als Information auch im morphischen Feld der Menschheit gespeichert. Darin liegen alle Erfahrungen jedes Menschen als kollektives Gedächtnis vor. Da im Zusammenhang mit Geld in (fast) allen Gesellschaftsschichten mehr negative als positive Gedanken und Gefühle entstehen, sind wir anfällig für stark negativ geprägte Glaubenssätze. Im persönlichen Geldbewusstsein kommen diese als Hindernis zum Ausdruck.

Es setzt sich die Ansicht durch, dass Arbeit und Geld wichtiger sind als Liebe und die eigene Anerkennung. Diese Lebenseinstellung entspringt den Ahnenprogrammen:

• Männlich: »Anerkennung bekommt man nur durch Leistung.«
• Weiblich: »Liebe muss man sich erarbeiten bzw. erkaufen.«

Auch die großen Religionen haben zu allen Zeiten Geld vor allem negativ gesehen und damit das allgemeine Bewusstsein entsprechend beeinflusst (der Klerus selbst zeigte sich davon jedoch oftmals wenig beeindruckt). In der Bibel heißt es beispielsweise:

»Niemand kann zwei Herren dienen:
Entweder er wird den einen hassen und
den andern lieben, oder er wird an dem einen
hängen und den andern verachten. Ihr könnt
nicht Gott dienen und dem Mammon.«

(Matthäus 6, 24)

»Eher kommt ein Kamel durch ein Nadelöhr
als ein Reicher in den Himmel.«

(Lukas 18, 25)

Wir Menschen erschufen mit unserem freien Willen das Geld. Aber offensichtlich haben wir von Anfang an versäumt, eine allgemein positive Verbindung mit ihm in unserem morphischen Feld aufzubauen. Es fehlt die Verknüpfung mit der eigenen Wertschätzung und der wechselseitigen Liebe und Anerkennung. Daher können die positiven Eigenschaften des Geldes nicht zum Ausdruck kommen.

Geld ist eine äußerst wirksame Energieform. Daher konnte es von Anfang an missbraucht und zur Manipulation der Massen eingesetzt werden. Geld ist und gibt Macht. Diese negative Assoziation ist – gerade bei feinfühligeren Menschen – deutlich präsenter als jede positive.

Neben den in unserem morphischen Feld gespeicherten Informationen belasten noch weitere Programme unsere Einstellung zum Geld:

• Seelenverträge, Flüche, Gelübde
• Mentale Glaubenssätze, Ahnenprogramme, Mentale, Fixationen
• Emotionale Glaubenssätze, Emotionale, negative Gefühlsmuster
• Verwünschungen, Verdammungen, Banne, Schwüre, Eide, Versprechen, Verbote und Selbstzerstörungsmuster

Im Laufe der Zeit können sich solche Negativpotenziale zu selbstständigen Wesenheiten verdichten und uns als Elementare, Elementale, Phantome, dunkle Wesenheiten aus den Zwi-

schenreichen usw. anhaften. Sie üben dann einen erheblichen Einfluss auf unser persönliches Geldbewusstsein aus.
Es gibt also einiges zu tun, wollen wir unsere Einstellung zum Geld heilen und die finanzielle Spiegelung im materiellen Außen in einen harmonischen Einklang mit unserer spirituellen Ausrichtung im Innen bringen – sprich: das Geld zu uns einladen.

Geben und Nehmen müssen im Einklang, also subjektiv stimmig sein. So lautet das Geistige Gesetz der **Harmonie,** das sehr viel mit unserer individuellen Einstellung zum Geld zu tun hat. Hinzu kommt das Geistige Gesetz der **Fülle:** Es ist in jedem Moment und in jeder Hinsicht von allem immer genug für jeden da. Es gibt ein Geistiges Gesetz der Fülle, aber keines des Mangels. Es steht uns also zu, in der Fülle zu leben und auch immer genug Geld zu haben. Geld ist, wie alles Stoffliche, eine materielle Spiegelung der göttlichen Liebe.
Als »lebende« Information und Energie ist Geld ein Ausdruck unserer **individuellen Wertschätzung** und **wechselseitigen Liebe.** Wir Menschen sind kreative, göttliche Co-Schöpfer vermöge des einmaligen Geschenkes des freien Willens. Wir müssen diesen nur entsprechend einsetzen, auch und gerade dem Geld gegenüber.

Die Erde ist ein Schulungsplanet. Wir sind hier, um im »Spiel des Lebens« zu lernen. Ich hoffe, Ihnen für die hiermit verbundenen Erfahrungen einige nützliche Anregungen vermitteln zu können.

Ihr
Diethard Stelzl

TEIL I:
Das allgemeine Geldbewusstsein

*»Ich würde gern leben wie ein
armer Mann mit einem Haufen Geld.«*

So skizzierte einmal der berühmte Maler **Pablo Picasso** (1881–1973) seine Lebensphilosophie. Armut bedeutete für ihn künstlerische Freiheit, ein »Haufen Geld« finanzielle Sicherheit und physische Unabhängigkeit. Beides schien ihm für ein sinnvolles Leben notwendig, weshalb er beide einander ausschließenden Zustände gleichzeitig haben wollte. Dieses Dilemma beschreibt treffend das gegenwärtige persönliche Geldbewusstsein vieler Menschen.

Neben der **Angst,** nicht geliebt zu werden, ist das Streben nach einer sicheren Existenz und hier vor allem, immer ausreichend Geld zu haben, das wichtigste Programm im Leben des Menschen.
Ein sinnvoller Glaubenssatz könnte wie folgt lauten:

*Ich bin es wert, in einer gesicherten Existenz mit
jederzeit genügenden finanziellen Mitteln zu leben.*

Die Bedingungen für Glück

Im »World Happiness Report« 2015 der UN für 158 Mitglieds-
staaten stellten die Forscher eine Weltrangliste des Glücks auf.[1]
Geld ist darin nicht der einzige ausschlaggebende Faktor, sondern auch Gesundheit, ein harmonisches soziales Umfeld, eine
sinnvolle Lebensführung usw.

Das Ergebnis: Die zufriedensten Menschen leben in kleineren
Ländern, in denen möglichst viele Bürger am allgemeinen Wohlstand teilhaben. Deutschland gehört mit Rang 26 offenbar nicht
dazu.
Wohlstand gibt dem Einzelnen Kontrolle über die Herausforderungen des Lebens und lindert mit diesen verbundene Sorgen.
Deshalb beherrscht das Streben nach Wohlstand und Reichtum
das Leben der meisten Menschen.

Wichtige universale Leitsätze

Wir nehmen meist nur den stofflich-materiellen Ausdruck von
Geld wahr, der uns leblos erscheint. Aber Geld hat auch eine
feinstoffliche Ausstrahlung als **Energiefeld**. Für dieses gilt, wie
für jede Energieform, der Grundsatz:

Energie folgt der Aufmerksamkeit.

Das bedeutet, dass dorthin, wohin wir mit unserem freien Willen
unsere Gedanken und damit unsere Aufmerksamkeit lenken,

---

[1]   www.worldhappiness.report

unsere Energie fließt und folglich auch das Geld. Es liegt also an unseren Gedanken, ob das Geld zu uns kommt.

Die entscheidenden Faktoren sind unsere Wertschätzung für uns und unsere individuelle Einstellung zum Geld. Ist dieses **persönliche Geldbewusstsein** generell positiv, kommt nach dem Geistigen Gesetz der **Resonanz** auch Positives in unser Leben zurück. Spiegeln unser Glauben, Denken, Fühlen und Tun im täglichen Leben diese Einstellung im eigenen Inneren wider, so werden ihr auch die Umstände im Außen folgen.

»Wir leben in einer Welt von Wahrscheinlichkeiten in einem Meer von Möglichkeiten.«

Hans-Peter Dürr (1929–2014)

Unendlich viele subatomare Teilchen befinden sich im Universum ständig in einem Zustand relativer Unordnung (Entropie). Kommt aber von außen, beispielsweise durch einen klaren menschlichen Gedanken, ein Ordnungselement hinein, geht ein Teil der Elementarteilchen in Resonanz und verstärkt den ursprünglichen Impuls: Positives positiv, Negatives negativ. Auf diese Weise entstehen Asymmetrien und schließlich materiell verdichtete Realität.

TEIL II

Das persönliche Geldbewusstsein

Die subjektive Einstellung zum Geld

*»In einer gerechten Gesellschaft darf niemand
so reich sein, dass er andere Menschen
kaufen kann, und niemand so arm,
dass er sich anderen unterwerfen muss.«*

Jean-Jacques Rousseau (1712–1778)

Spirituell interessierte Menschen haben besonders oft ein gestörtes Verhältnis zum Geld. Geld ist dabei eng mit dem Selbstwert eines Menschen verknüpft. Dieser hängt in erster Linie von Erinnerungen, Umwelt- und Umfeldbedingungen sowie von eigenen Erlebnissen und von Erfahrungen ab, die von anderen übernommen wurden.

Um die Beziehung zum Geld zu heilen, müssen wir die »dunkle Seite des materiellen Spiegels« in Eigenverantwortung annehmen, anschauen, darüber nachdenken, die zugrunde liegenden Sachverhalte als wertvolle Lernerfahrung werten und anschließend positiv umpolen, löschen und loslassen.

Geld darf nicht als Instrument der Beeinflussung und Unterdrückung verstanden werden, sondern ausschließlich als Ausdruck unserer Wertschätzung und Liebe. Wenn Geben und Nehmen subjektiv als harmonisch empfunden werden, kann der Umgang mit Geld ohne schlechtes Gewissen geschehen.

Folgende Affirmationen können Sie bei der Auseinandersetzung mit Ihrer Einstellung zum Geld unterstützen:

- Geld ist ein vollkommener Teil meines Lebens.
- Geld ist ein harmonischer Teil von mir und für mich.
- Geld ist mit Licht und Liebe gesegnet.
- Geld ist fließende Energie.
- Geld besitzt meine uneingeschränkte persönliche Wertschätzung.
- Geld dient dem Wohle aller und dem großen Ganzen.
- Geld ermöglicht jedem, ein sinnvolles Leben in Harmonie, Freude, Frieden, anhaltender Gesundheit, Weisheit, Fülle, Reichtum und Wohlstand zu führen, und das steht jedem, auch mir, zu!

Laden Sie deshalb das Geld ein, ein harmonischer Teil von Ihnen zu sein und Ihre kreative, göttliche Co-Schöpferkraft zum Wohle aller positiv zum Ausdruck zu bringen. Erwarten Sie dabei immer nur das Beste!

Die individuelle Bedeutung von Geld

»Geld regiert die Welt.«

Alles im Leben hat für jeden Menschen immer irgendwie mit Geld zu tun. Entscheidend im Umgang damit ist stets die jeweilige persönliche Einstellung. Hier gibt es große Unterschiede. Manche können gut mit Geld umgehen, andere überhaupt nicht. Den wenigsten Menschen ist bewusst, dass ihre individuelle Betrachtungsweise der Grund dafür ist, wie viel Geld sie besitzen. Anhand der Geistigen Gesetze haben Sie jedoch gesehen, dass jeder Einzelne sein Schicksal selbst bestimmt, auch in Bezug auf Wohlstand, Reichtum, Erfolg und Geld. Machen Sie sich bewusst:

Wir sind, was wir denken.
Wir sind, was wir denken, was wir sind,
und die Welt ist so, wie wir denken, dass sie ist,
in unserer subjektiven Wirklichkeit.

Mangel an Geld ist folglich das Ergebnis negativer Gedankenprogramme. Diese entspringen dem Mangel, anstatt das Geistige Gesetz der Fülle zu beachten: Es ist in jedem Moment und in jeder Hinsicht von allem für jeden genug da. Die Gründe hierfür sind meist in Ahnen- und Fremdprogrammen sowie den Erfahrungen der Großeltern und Eltern zu suchen.

Das Geld bleibt nur bei dem, der es achtet und liebt. Behandeln wir es gleichgültig oder verächtlich, flieht es. Fühlt es sich aber bei uns willkommen, fließt es uns gern zu.[2]

---

2   Vgl. hierzu: Lassen, Arthur: Geld macht glücklich. LET: Bruckkobel 2008.

Empfehlenswert ist zunächst eine ehrliche und schonungslose Bestandsaufnahme der Überzeugungen, die Sie in Bezug auf Geld haben. Beantworten Sie z. B. folgende Fragen:

- Wo zeigt sich deutlich mein Resonanzverhalten?
- Wo habe ich körperliche Reaktionen?
- Wie äußert sich die negative Seite des Geldes bei mir?
- Welche »schwarze Flecken auf meiner weißen Weste« habe ich in Bezug auf Geld?

Diese Fragen offen und neutral zu beantworten, ist nicht einfach, aber notwendig. Hilfreich kann folgende Liste möglicher Glaubenssätze sein. Sie zeigt Ihnen, wie Sie über Geld denken, fühlen und glauben und welches Resonanzverhalten sich dadurch ergibt. Ist dieses negativ, müssen Sie es unbedingt ins Positive umpolen, wie auf S. 89 ff. dargestellt.

Stimmen Sie folgenden Aussagen zu?

	Ja	Egal	Nein
Geld regiert die Welt.			
Der ärgste Fluch des Menschen ist das Geld.			
Man muss das Geld zusammenhalten.			
Das Recht ist, wo das meiste Geld ist.			
Der stinkt vor Geld.			
Zeit ist Geld.			
Geld stinkt nicht.			
Wenn einer Geld hat, darf er so dumm sein, wie er will.			
Dem Geld gehorcht alles.			
Geld macht alles möglich.			
Reich an Geld heißt arm an Freuden.			
Der Geist denkt, das Geld lenkt.			
Je mehr sich der Beutel füllt, desto mehr leert sich das Herz.			
Geld ist ein Seelenverderber.			
Geld verdirbt nicht den Charakter eines Menschen, es entlarvt ihn!			
Nichts verändert den Menschen so sehr wie Geld.			
Geld und Gewissen sind unvereinbar.			
Die Tugend kommt nach dem Geld.			
Je mehr Geld, desto weniger Anstand.			
Der Geiz wächst mit dem Gelde.			
Geld ist eine neue Form der Sklaverei.			
Geld macht nicht glücklich.			
Wer Geld hat, muss es anderen weggenommen haben.			

	Ja	Egal	Nein
Ich habe Angst, im Alter kein Geld zu haben.			
Ich finde es normal, dass alle Geld haben – aber ich selbst habe es nicht.			
Ich bin ein Pechvogel und komme nie zu Geld.			
Wer alles bloß des Geldes wegen tut, wird bald des Geldes wegen alles tun.			
Über Geld spricht man nicht. Man hat es.			
Geld bringt Selbstbewusstsein.			
Geld macht nicht glücklich, aber es beruhigt.			
Geld ist unanständig.			
Geld verdirbt den Charakter.			
Ich habe es nicht verdient, genug Geld zu haben.			
Geld macht unglücklich.			
Andere kommen leichter zu Geld als ich.			
Ich hatte nie eine Chance, zu Geld zu kommen.			
Ich habe Geld nicht verdient.			
Der Reiche hat keine Freunde.			
Geld ist Mittel zum Zweck.			
Das bisschen Geld, das es gibt, ist längst verteilt.			
Geld ist ein knappes Gut.			
Wer Geld hat, glaubt, sich alles kaufen zu können.			
Lieber arm und glücklich als reich und trübselig.			
Geld ist schlecht.			
Mir fehlt immer das nötige Geld.			

Wissen Sie jetzt, wo Sie stehen?

Der Umgang mit dem Euro

Der Euro als Zahlungsmittel

Gesetzliche Zahlungsmittel sind die kraft Gesetzes zur rechts-
wirksamen Erfüllung von Schuldverhältnissen vorgeschriebe-
nen, zirkulierenden Banknoten und Münzen eines Staates. Bei
uns ist das derzeit der Euro.

Wie viele verschiedene Euro-Scheine gibt es? Kennen Sie die
Antwort?
Vermutlich wussten Sie, dass es sieben sind, nachdem Sie die
Scheine im Kopf durchgegangen sind. Haben Sie dabei mit fünf
Euro angefangen oder mit fünfhundert Euro? 95 % der Men-
schen beginnen bei Fünf, höchstens 5 % bei Fünfhundert.
Das ist typisch für unser Verständnis von Geld. Grundsätzlich
leben wir im Mangel, nicht in der Fülle. Die Fülle aber ist ein
Geistiges Gesetz, der Mangel nicht.
Solches einschränkende Denken in Bezug auf Geld müssen wir
ändern und das darin enthaltene Negativprogramm ins Positive
umpolen. Gedanken der Fülle sind z. B.:

• Es steht mir zu, immer genug Geld zu haben.
• Ich wertschätze uneingeschränkt die Rolle des Geldes in allen
  meinen Leben, besonders im gegenwärtigen.
• Ich liebe mich, ich liebe dich, ich liebe Geld.

Stehen Sie mit allen Ihren Empfindungen, Ihrem Denken, Fühlen und Glauben hinter diesen Sätzen!

Geld ist aber nicht nur ein Stück Papier oder Metall, sondern
besteht aus Informationen und Energiefeldern. Und da im Universum alles mit allem vernetzt ist – eben auch das Geld und

damit die Euro-Banknoten – können Sie mit diesen eine telepathische Verbindung aufbauen.

Übung

Stellen Sie die Verbindung her, indem Sie (möglichst laut) 4 Mal »bitte« sagen. Dies entspricht einem Öffnen. Alternativ können Sie sich das entsprechende kosmische Symbol vorstellen: eine linksdrehende Spirale von innen nach außen.

Stellen Sie sich mit Ihrem Vornamen vor. (Im Universum ist man immer per Du!)

»Ich bin der/die ...
Wer bist denn du?«

Der erste Eindruck ist immer der richtige. Kommt kein Name, dann geben Sie dem Geldschein intuitiv einen.
Nun können Sie telepathisch-intuitiv in Bildern kommunizieren, möglichst unterlegt mit Sinneswahrnehmungen und Gefühlsimpulsen.

Sind Sie fertig, bedanken Sie sich bei und verabschieden sich von Ihrem Gesprächspartner, indem Sie 4 Mal »danke« sagen. Dies entspricht einem Schließen. Alternativ können Sie sich das kosmische Symbol einer rechtsdrehenden Spirale von außen nach innen vorstellen.

Sie sind ein kreativer, vollkommener, göttlicher Co-Schöpfer. Liebe, Licht, Fülle, Gesundheit, Erfolg, Geld und Harmonie stehen Ihnen zu. Deshalb brauchen Sie nicht darum zu bitten, Sie sollten aber dafür danken:

»Danke für meine Lernerfahrungen.
Danke für die für mich (und uns) beste Lösung.
Danke für die Fülle.
Danke für Wohlstand und den immerwährenden Besitz
von genügend Geld.«

Anordnung im Portemonnaie

Entwickelt wurden die sieben verschiedenen Euro-Scheine vom österreichischen Designer **Robert Kalina,** der einen Grafiker-Wettbewerb gewonnen hatte. Er verwendete als Motive nicht, wie üblich, Menschenköpfe, die meist eine negative Ausstrahlung haben, sondern Formen der Architekturgeschichte: von der Moderne beim 500-Euro-Schein bis zur Antike beim 5-Euro-Schein. Allerdings zeigen die farblich auffälligeren Vorderseiten im Zentrum offene Türen und Fenster. Durch sie »pfeift der Wind hindurch«, sie symbolisieren also keine Bereitschaft zum Festhalten. Auf den farblich schwächer gestalteten Rückseiten finden sich Brückenmotive, die die Ränder der Scheine miteinander verbinden und damit auch den Besitzer mit der Banknote sowie die Scheine untereinander.
Grundsätzlich ist also die Notenrückseite des Euro symbolisch positiv, die Vorderseite negativ.

Wenn Sie sich Ihre volle Brieftasche als Normalzustand vorstellen, ist es aus diesen Gründen sinnvoll, die Scheine folgendermaßen anzuordnen:

• Legen Sie alle Banknoten eines Betrags zusammen.
• Sortieren Sie die hohen Scheine vorn, die niedrigen hinten ein.
• Positionieren Sie immer die Rückseiten nach vorn.

Wenn Sie jetzt in Ihr Portemonnaie greifen, dann kommen Sie aus der Fülle (hohe Scheine) und gehen in den Mangel (niedrige Scheine).

Über die Brücken auf den vorn liegenden Rückseiten aller Banknoten wird eine Verbindung aufgebaut, die die vereinzelnden Energien der Vorderseiten aufhebt.

Aufgrund des festen Systems sind Sie gezwungen, Ihre Aufmerksamkeit auf jeden neu ankommenden Schein zu richten, ihn anzuschauen und mit der Rückseite nach vorn in die entsprechende Notenkategorie einzusortieren.

Sie können ihn verbal, mental und energetisch auch ausdrücklich willkommen heißen, z. B.:

»Danke, dass du zu mir gekommen bist. Fühle dich wohl bei mir, und sei herzlich willkommen.«

Vielleicht spüren Sie als Antwort einen warmen Energiestrom und haben ein harmonisches Gefühl.

Beim Ausgeben müssen Sie Ihre Aufmerksamkeit und damit Ihre Energie auf das Herausholen eines oder mehrerer Scheine richten.

Verabschieden Sie sich vielleicht mit den Worten:

»Danke, dass du bei mir warst. Ich gebe dich mit Wertschätzung und Liebe wieder ab und wünsche dir von Herzen alles Gute für die Zukunft. Solltest du einmal Sehnsucht nach mir haben, steht dir meine Tür immer offen – und du kannst auch gern deine Brüder und Schwestern mitbringen.«

Beim Übergeben der Banknoten achten Sie darauf, dass Sie die Scheine mit der Rückseite nach oben weitergeben und dass Sie die höchsten Scheine zuerst, die niedrigsten zum Schluss überreichen.

Ist ein Gedanke positiv, kommt positive Energie zurück, ist ein Gedanke negativ, wird das Negativpotenzial von außen verstärkt. Keinesfalls polt das Universum negative Gedanken in positive um.
Sie kommen daher nicht zu Geld, wenn Sie sich mit Gedanken und Bildern des Mangels und der Armut beschäftigen. Stellen Sie sich stattdessen glaubhaft mit allen Sinnen vor, wie Sie zu Geld kommen und reich sind, jedoch nicht im Rahmen des Wettkampfes, sondern durch Erschaffung und Realisierung entsprechender positiver Visionen.

Mitleid mit Armut ist keine Lösung, auch nicht Angst vor Armut oder eine sonstige negative Aufmerksamkeit dafür. Ignorieren Sie Mangel, und konzentieren Sie Ihre ganze Aufmerksamkeit auf **Fülle** und **Reichtum.**

Verwendung eines Geldsymbols

Ich habe nach den Regeln und den Maßen der »Heiligen Geometrie« ein Geldsymbol entwickelt. Indem Sie es in Ihr Portemonnaie legen, stellen Sie einen Bezug zu den einliegenden Geldscheinen her.[3]

- Der blaue Rand und die quadratische Form stellen eine Verbindung zum Element Erde her.
- Der dunkle Hintergrund symbolisiert die Grobstofflichkeit, Dichte, Masse und Materie der 1. Dimension.
- Der grüne Kreis ist eine Form der 2. Dimension »ohne Anfang und ohne Ende« und repräsentiert damit die Ewigkeit und die Langlebigkeit.
- Das nach oben geöffnete rote Ypsilon aktiviert höher schwingende Licht- und Lebensenergie aus der 2. und 3. Dimension, um die niedriger schwingende Vitalenergie der Erde in der 1. Dimension zu erhöhen.

Dadurch, dass das Symbol spiegelbildlich angelegt ist, entsteht beim Zusammenklappen zwischen beiden Elementen ein Energiefeld. In diesem befinden sich die Banknoten, die der Dimension des Stoffes angehören. Nach etwa vier bis sechs Wochen werden Sie sehr wahrscheinlich mehr Geld in der Brieftasche haben als vorher, solange sich immer mindestens ein Schein zwischen den Symbolen befindet, besser mehrere.

Auf der Rückseite des Geldsymbols befindet sich die »Blume des Lebens«, das stärkste Symbol für den Fluss von Lebensenergie überhaupt.

---

3   Das Geldsymbol kann in unserem Büro telefonisch (+43 (0)4246 72000) oder per Mail (info@huna-seminare.at) gegen einen geringen Energieausgleich angefordert werden. Es eignet sich übrigens auch bestens als kleines Geschenk.

Anrufung »lichter« Spiritualberater in Geldangelegenheiten

Genauso, wie es auf der physischen Ebene Berater für Geld- und Finanzangelegenheiten gibt, existieren solche auch in den himmlischen Hierarchien – sowohl auf der lichten als auch auf der dunklen Seite. Deshalb müssen Sie immer bewusst die lichten Ebenen ansprechen.

Es handelt sich bei **Spiritualberatern** um verstorbene Menschen, die auf einem bestimmten Gebiet Außerordentliches geleistet haben und jetzt bereit sind, von der himmlischen Ebene aus Menschen zu helfen, die hinsichtlich dieses Bereiches im Alltag Schwierigkeiten haben. Aktiv werden sie auf allen Ebenen: spirituell, mental, emotional, energetisch und physisch.

Meistens sind die Spiritualberater namentlich bekannt. Andernfalls geben Sie ihnen bei der Kontaktaufnahme intuitiv einen Namen.[4]

Infrage kommen beispielsweise die **Fugger** und die **Welser** aus Augsburg, die **Medici** aus Florenz, aber auch **Hjalmar Schacht,** der Notenbankpräsident der Weimarer Republik und des Dritten Reiches, der aber nie Mitglied der NSDAP war.

---

4   Empfehlenswert für die Kontaktaufnahme sind meine Meditations-CDs »Durch Erleuchtung zur Erlösung«, »Kommunikation der drei Selbste« und »Mein Weg zum Hohen Selbst«.

TEIL III

Grundlagen des energetischen Arbeitens

Der Lichtkörper des Menschen

Wenn wir mithilfe unseres freien Willens bewusst unsere eigene Göttlichkeit annehmen und diese im täglichen Leben praktisch anwenden, kommen wir in unsere Kraft.

Wir sind Lichtwesen, und auch, wenn wir in einem physischen Körper inkarniert sind, besitzen wir die Weisheitskomponente der Urquelle in unseren verschiedenen Bewusstseinsebenen.

Die Bewusstseinsebenen

Nach der althawaiianischen Huna-Lehre besteht unsere individuelle Persönlichkeit aus drei einzelnen Bewusstseinsebenen und den drei »Selbsten« als deren Steuerinstanzen. Erst im Zusammenwirken aller dieser Instanzen entsteht unser Charakter.[5]

- **Überbewusstsein** (4. Dimension, Element Feuer): Sitz der spirituellen Identität und des Kosmischen Plans. Steuerinstanz ist das **Hohe Selbst** als persönlicher »Botschafter der Urquelle«.
- **Wachbewusstsein** (3. Dimension, Element Luft): Sitz des freien Willens, der Gedanken und Entscheidungen. Steuerinstanz ist das **Mittlere Selbst** mit der logisch-analytischen linken Gehirnhälfte des Ego und der kreativ-schöpferischen rechten des Ich.

---

5   Ausführlich u. a. bei: Stelzl, Diethard: Huna-Kompendium. Schirner: Darmstadt 2015; Huna Huna. Ebd. 2014; Huna-Einführung. Ebd. 2010.

- **Unterbewusstsein** (2. Dimension, Element Wasser): Sitz der Gefühle, der Körpersteuerung, des Resonanzverhaltens, der Auswertung der Sinneswahrnehmungen und des Langzeitgedächtnisses. Steuerinstanz ist das **Untere Selbst** oder **Innere Kind.**

Überbewusstsein und Hohes Selbst

Das **Hohe Selbst,** der »Botschafter der Urquelle« in uns, ist ein androgynes Lichtwesen, das unseren Kosmischen Plan verwaltet, das Mittlere Selbst schützt und es über Inspiration führt. Der Mensch denkt als Mittleres Selbst, das Hohe Selbst weiß.

Wachbewusstsein und Mittleres Selbst

Die kreativ-schöpferische Komponente im Menschen stellt das Wachbewusstsein dar. In diesem Bereich findet das individuelle Denken statt, wodurch der freie menschliche Wille umgesetzt wird. Durch seine freie Entscheidung wirkt der Mensch als verlängerter Arm Gottes und idealerweise als kreativer Schöpfer an dessen Stelle.

Nur das **Mittlere Selbst** kann etwas entscheiden. Es trägt daher die alleinige und absolute Verantwortung für das gegenwärtige Leben. Als Mittleres Selbst sind wir Schöpfer unserer Wirklichkeit im Hier und Jetzt kraft unseres freien Willens in Form unserer Gedanken.

Unterbewusstsein und Inneres Kind

Der Bereich des Unterbewusstseins umfasst alle emotionalen, psychischen und gefühlsmäßigen Aspekte unseres Charakters – positive wie negative. Sowohl der jeweilige momentane Ausdruck entspringt ihm als auch die karmische Speicherung durch Formen und Farben in der Aura-Ebene, die dem jeweiligen Resonanzverhalten entspricht.

Im Unterbewusstsein sitzen zudem:

• die gesamte Körper- und Organsteuerung
• das Resonanzverhalten mit Ereignissen im Außen
• die Verarbeitung von Sinneswahrnehmungen
• die Langzeitspeicherung im Bauchhirn
• die Aktivierung von Lebens- und Vitalenergie
• die Verbindung zum Hohen Selbst

Als Steuerinstanz fungiert hier das **Untere Selbst** bzw. das **Innere Kind.** Das Untere Selbst verbindet den Menschen instinktiv und intuitiv mit Umwelt und Umfeld. Es sollte niemals die Kontrolle über das Wachbewusstsein erlangen, denn dies führt zu krankhaften Erscheinungen im psychischen und mentalen Bereich.

Was uns im Leben am meisten Schwierigkeiten bereitet, ist nicht unsere Vergangenheit als solche, sondern einzelne Erinnerungen an sie. Diese sind im Langzeitgedächtnis des Bauchhirns gespeichert. Zuständig dafür ist unser Unteres Selbst bzw. Inneres Kind.

Die Energieformen

Alles Sein besteht aus Energie, sie gestaltet und steuert unsere Welt. Dabei gibt es verschiedene Energieformen, die sich in Höhe und Intensität ihrer Schwingung unterscheiden:

- die grenzenlose **Liebesenergie** als Nullpotenzial ohne Ladung
- die elektrische, positiv geladene **Lichtenergie** der Photonen
- die magnetische, negativ geladene **Vitalenergie** der Erde
- die elektromagnetische **Lebensenergie,** aufgebaut über die Verschmelzung von elektrischer Licht- und magnetischer Vitalenergie durch die Chakras
- die elektromagnetische **Willensenergie,** durch Atmung und Visualisierung bewusst aus Lebensenergie verdichtet

Willensenergie (haw.: Mana Mana)

Willensenergie ist nötig, um stoffliche Wirklichkeit zu manifestieren. Der Gedanke allein genügt nicht. Seine Form muss verdichtet und in Bewegung gebracht werden, sonst bleibt er ein Vorhaben, ohne jemals in die Erscheinungswelt eintreten zu können.

Heutzutage fehlt vielen Menschen die notwendige Willensenergie, sodass sie zwar viele Ideen in sich tragen, jedoch keine Kraft haben, diese in die Tat umzusetzen.

Hierbei hilft die Technik der **Harmonieatmung.** Sie ist schon sehr alt und war bei den Ägyptern und den Hawaiianern bekannt. In deren Vorstellungswelt existieren im Körper winzige Energiekanäle, die immer von oben nach unten verlaufen, ähnlich Nadis oder Meridianen. Mittels der Atmung werden diese ins Gleichgewicht versetzt.

Wird die Harmonie im Außen und im Innen erreicht, entsteht für die Hawaiianer die Willensenergie Mana Mana, der bei den Pharaonen Ägyptens die aufsteigende »Wirbelsäule des Osiris«, Djed, und die absteigenden »Tränen der Isis«, Tet, entsprechen.

Die Ausgangspunkte der Energiekanäle liegen am Damm zwischen Genitalbereich und Anus sowie zwischen Ober- und Unterkiefer. Um den Kreislauf zu aktivieren, legen Sie beim Atmen immer die Zunge an den Gaumen, um »die Himmelspforte zu schließen«. Mit unserem freien Willen können wir das Ausatmen beeinflussen, das Einatmen erfolgt jedoch automatisch über den Lungendruck. Zu Beginn ist es sinnvoll, beim Atmen mitzuzählen und einen gleichmäßigen Rhythmus zu wählen, beispielsweise 4:4 oder 5:5. Stellen Sie sich den Atemfluss durch den Körper kreisförmig vor, und behalten Sie den Rhythmus so lange bei, bis es sich harmonisch anfühlt und »es Sie atmet«. Danach können Sie den Rhythmus wechseln und z. B. länger aus- als einatmen, 6:4 oder 8:4 bzw. 7:5 oder 9:5. Dadurch gelangen Sie in einen Zustand absoluter Harmonie und tiefer innerer Ruhe, nahe demjenigen des ewigen Seins.

In diesem Zustand der Balance können Sie Lebensenergie (Mana) in Willensenergie (Mana Mana) transformieren. Um Ihre Lebensenergie aufzuladen, hat sich in der Praxis die **Nasenatmung** als am wirkungsvollsten erwiesen.

Sagen Sie 4 Mal »bitte«.

Legen Sie beide Daumen unter die Kinnspitze, und drücken Sie mit dem Zeigefinger Ihrer linken Hand das linke Nasenloch zu.

Während Sie innerlich leise bis vier zählen, atmen Sie durch das rechte Nasenloch per Bauch- und Brustatmung ein.

Nun drücken Sie mit beiden Zeigefingern Ihre Nasenlöcher zu und zählen dabei im gleichen Rhythmus bis sechzehn.

Anschließend lösen Sie den linken Zeigefinger vom linken Nasenloch, atmen langsam und leicht durch das linke Nasenloch aus und zählen dabei im selben Rhythmus bis acht.

Danach schließen Sie wieder beide Nasenlöcher mit den Zeigefingern und zählen im gleichen Rhythmus bis sechs. Damit ist der erste Atemzug beendet.

Direkt anschließend atmen Sie im zweiten Atemzug so tief wie möglich durch das linke Nasenloch per Bauch- und Brustatmung ein, indem Sie den Zeigefinger von diesem Nasenloch lösen und im gleichen Rhythmus bis vier zählen.

Danach halten Sie beide Nasenlöcher mit beiden Zeigefingern zu und zählen bis sechzehn.

In der Folge lockern Sie den rechten Zeigefinger am rechten Nasenflügel und atmen langsam und leicht durch das rechte Nasenloch aus, wobei Sie im gleichen Rhythmus bis acht zählen. Drücken Sie zum Schluss beide Nasenflügel mit beiden Zeigefingern leicht zu, und zählen Sie bis sechs.

Sagen sie 4 Mal »danke«.

Wiederholen Sie beide Schritte noch einmal. Wird Ihnen dabei schwindlig, hören Sie sofort auf.

Nun sind Sie mit Lebensenergie Mana aufgeladen. Diese können Sie durch die folgende **Visualisierung** in Willensenergie Mana Mana umwandeln.

Übung

Sie stehen in einer Energiesäule auf einer Glasplatte, wie in einer riesigen Spritze.

Jetzt drücken Sie das Energiefeld langsam bewusst nach oben: In die Füße, zu den Fußgelenken, die Unterschenkel hinauf zu den Knien, die Oberschenkel hinauf zu den Hüften, vom Beckenboden den Unterbauch hinauf, zum Oberbauch und Solarplexus, in Brust und Herz hinein, zu den Schultern und in den Hals hinauf.

Die komprimierte Mana-Ladung umgibt jetzt Ihren Kopf wie ein Astronautenhelm. Diesen drücken Sie langsam weiter nach oben. Bewegen Sie Ihre Hände dabei mit. Zu Kinn und Mund, zu Nase und Ohren, zu den Augen, zur Stirn und zum Scheitel.

Zwischen Ihren Händen halten Sie jetzt oberhalb Ihres Kopfes eine Energiekugel aus sich bewegendem Licht von der Größe eines Volleyballs, die Sie zusammendrücken zur Größe eines

Fußballs, danach eines Handballs und schließlich mehrerer Tischtennisbälle. Diese können Sie sich auch als kleine Bergkristallkugeln vorstellen.

Sie haben jetzt Mana-Mana-Willensenergie aus Mana-Lebensenergie erschaffen. Diese Energiereserven können Sie, wenn Sie sie brauchen, mit einem lauten »Zack!« zum Hohen Selbst schicken, um die Realisierung Ihrer Vorhaben zu unterstützen.

Vitalenergie (haw.: Ki)

Die Vitalenergie verkörpert im menschlichen Energiesystem die anziehenden Kräfte von Magnetismus und Gravitation. Dadurch verbindet sie das Individuum mit der Masse der Erde.[6] Sie stellt den eigentlichen Ursprung des materiellen, physisch-grobstofflichen Körpers des Menschen als verdichtete Energie dar.

---

6 Empfehlenswert ist hierbei das Anhören meiner Meditations-CD »Ich bin Vitalenergie«.

Die Aurabereiche

Die Aura umgibt uns in mehreren Schichten, die in ihrer Schwingung dichter werden, je näher sie am Körper liegen:[7]

- **Spiritualaura:** Hier sind u.a. Seelenverträge, Flüche, Gelübde, Suizide und schwarzmagische Aktivitäten aus früheren Leben gespeichert.
- **Mentalaura:** Hier sind u.a. mentale Glaubenssätze, Ahnenprogramme, Verdichtungen wie Mentale und Fixationen sowie Anhaftungen wie Elementare, Elementale und Phantome zu finden.
- **Astralaura:** Hier kommen u.a. emotionale Glaubenssätze, Ahnenprogramme, Verdichtungen wie Emotionale und Gefühlsmuster sowie Anhaftungen wie Larven und dunkle Wesenheiten vor.
- **Ätherbereich:** Hier sitzen u.a. Verwünschungen, Verdammungen, Schwüre, Eide, Versprechen und Verbote aus früheren Leben, Verdichtungen wie Selbstzerstörungsprogramme, aber auch Anhaftungen wie Geister, erdverbundene Seelen, Grabenergien und Energievampire, insbesondere in der **Fluidalebene,** dem dem physischen Körper nächsten feinstofflichen Bereich. Oft sind solche Belastungen deshalb auch körperlich zu spüren, z.B. als plötzlicher Energieabfall oder wenn es Ihnen »kalt den Rücken hinauf- und hinunterläuft«.

---

7   Siehe Anhang S. 126–127.

Der physische Körper des Menschen

»Gott erschuf den Menschen nach seinem Bilde.«

(1. Mose 5, 1)

Dieses und andere Bibelzitate weisen darauf hin, dass der Mensch ein »Spiegel Gottes« ist. Wie die Urquelle selbst ist auch der Mensch in der Lage, alle Dimensionen des Universums zu durchdringen. Er besteht aus ewigen, unsterblichen und aus endlichen, vergänglichen Anteilen.

Der grobstoffliche Körper gehört der 1. Dimension und dem Element Erde an. Bereits in der Fluidalebene des Ätherbereichs kommt der Aspekt des **Stoffes** zum Tragen, noch mehr im physischen Körper. Dieser ist gemäß den Geistigen Gesetzen in unterschiedliche Zonen untergeteilt, in denen sich als »dunkle Spiegelung« auch Negativpotenziale manifestieren.

Sie liegen als »unerledigte Hausaufgaben« in den Zellmembranen – und nicht im Zellkern, wie früher angenommen wurde. Dies hat in einer genialen Forschertätigkeit der Biologe Bruce Lipton bewiesen.[8]

Je nach Thema des Negativprogramms kann dieses einer bestimmten Körperzone, gewissen Organen und Zellen zugeordnet werden, wo Negativprogramme sich verdichten, erstarren und zur Ursache von Krankheiten werden können.[9]

---

8   Vgl. dazu: Lipton, Bruce: Intelligente Zellen. Koha: Burgrain 2012.
9   Siehe Anhang S. 128–132.

TEIL IV

Was den Geldfluss hemmt

Die »künstliche Matrix«

Gemäß dem Geistigen Gesetz der Polarität können Erfahrungen nur in der Spiegelung der Gegensätzlichkeit gemacht werden. Deswegen entwickelten sich zusätzlich zu den positiven Geistigen Gesetzen entsprechende Negativprogramme der sogenannten künstlichen Matrix. Diese verhelfen zu einem besseren Verständnis des Erlebten, beeinflussen aber auch massiv das Glauben, Denken, Fühlen und Handeln aller Menschen.
Die wichtigsten Elemente sind:

- Mangel an Eigenliebe, Suchtverhalten
- Eigenwertmangel, Selbstzerstörung, Druck, Schuld
- Mangel an Vertrauen und spiritueller Identität
- Schmerz und Leid, Widerstand und Starre
- falscher Umgang mit Wissen
- Nichtanerkennen dieser Inkarnation
- Ohnmacht, Lähmung, Bewegungslosigkeit, Starre
- Disharmonie, Groll, aufgestaute Wut, Ärger
- Nichtüberwinden der doppelten Polarität von Hell und Dunkel sowie Männlich und Weiblich
- Sinnlosigkeit des Lebens, geistige Isolation
- Mangel, Armut, Besitzlosigkeit
- Individualitätsaufgabe, schwere Depressionen, Suizidgefährdung
- Mangel an Liebe, Trennung von Außen und Innen

Ahnenprogramme

Zu diesen Negativpotenzialen der »künstlichen Matrix« kommen für den einzelnen Menschen noch belastende Muster seiner Ahnen aus zahlreichen, vielleicht Hunderten von Inkarnationen hinzu. Diese müssen keine Blutsverwandten sein, auch Erzieher, Lehrer, Nachbarn usw. können einen entsprechenden Einfluss ausüben. Die individuellen Prägungen bilden das »morphogenetische Feld«.

In Bezug auf Geld spielen vor allem folgende »festgefahrene« Muster aus **weiblichen Ahnenprogrammen** eine Rolle:

- Angst, den Erwartungen der anderen nicht zu entsprechen
- Angst, zu verletzen und verletzt zu werden
- Verlustängste
- »Andere sind wichtiger als ich.«
- Geborgenheitsängste
- »Es steht mir nicht zu, glücklich (erfolgreich, anerkannt, reich, beliebt) zu sein.«
- Mangel an Anerkennung
- Mangel an Selbstwert
- emotionale Enttäuschungen
- Scham
- Leben nicht weitergeben können
- Angst, nicht ins Licht zu kommen
- Angst, Liebe anzunehmen
- mangelndes Selbstvertrauen
- Selbstverleugnung
- »das ungelebte Leben«
- die eigene Weiblichkeit nicht annehmen können
- Opferrolle und Helfersyndrom
- Geben und Nehmen sind nicht im Einklang

Alle Angaben werden vertraulich behandelt.
* Der Newsletter kann jederzeit abbestellt werden.

Name/Vorname: _____

Straße: _____

PLZ, Ort: _____

Telefon: _____

E-Mail: _____

Geburtsdatum: _____

Bitte senden Sie mir:

☐ weitere Informationen aus dem Schirner Verlag

☐ den Schirner Newsletter (nur als E-Mail*)

☐ das SPIRIT live & Schirner Magazin

Diese Karte entnahm ich dem Buch: _____

Würden Sie dieses Buch weiterempfehlen? _____

Vielen Dank!

Antwort

Schirner Verlag
Elisabethenstr. 20 – 22
D-64283 Darmstadt

Das Porto
übernehmen
wir für Sie!

- »Ich muss funktionieren.«
- »Ich muss meine Aufgaben perfekt erfüllen.«
- Überzeugung, sich Liebe und Anerkennung erkaufen zu müssen

Diese Muster und Glaubenssätze zeigen sich in der linken Körperseite, insbesondere im Brust-, oberen Rücken- und Schulterbereich sowie im Bauch und Unterleib. Grundsätzlich steht die Körperrückseite für die Vergangenheit, die Vorderseite für die Gegenwart.

Aus **männlichen Ahnenprogrammen** entstehen vor allem die folgenden Negativprogramme:

- Angst, Fehler zu machen
- finanzielle Sorgen und materielle Existenzängste
- Versagensängste
- Angst, im Beruf nicht zu genügen
- »Anerkennung bekommt man nur durch Leistung.«
- »Hat man was, ist man was.«
- Beziehungsängste
- Angst vor Technik
- beruflicher Erfolg steht über allem
- »Ich schaffe es nicht.«
- Minderwertigkeitskomplexe
- Mangel an Selbstwert
- Konkurrenzdruck
- Burn-out-Syndrom
- Bestrafungszwang und Selbstanklage
- Kritikunverträglichkeit
- Neid und Missgunst unter Kollegen
- Mobbing
- Macht und Ohnmacht des freien Willens

Diese Programme zeigen sich in der rechten Körperseite. Auch hier steht der Rückenbereich für die Vergangenheit und die Vorderseite für das aktuelle Leben. Gefährdete Körperzonen sind der rechte Schulterbereich, das rechte Schulterblatt, Lunge und Brust rechts vorn, der Magen, die Leber, die rechte Niere, der querliegende Dickdarm, die Blase, die (rechte) Hüfte und das (rechte) Knie.

Verdichtungen

Positive und negative Energiepotenziale können sich zu Gedanken- und Gefühlsformen bzw. Glaubenssätzen verdichten. Sie sitzen dann in den betreffenden Auraebenen, aber auch im Ätherbereich und im Zellgedächtnis des physischen Körpers.

Im Bereich der Spiritualaura

Verdichtungen, die sich in der Spiritualaura festsetzen, betreffen die Annahme der eigenen Göttlichkeit, Vereinbarungen mit der »dunklen« Seite sowie schwarzmagische Programme.

Seelenverträge

In der Vergangenheit wurde die eigene Seele verkauft oder verpfändet an:

• die dunkle Seite
• die eigene dunkle Seite (Dualseele)
• Institutionen wie die katholische Kirche, die Inquisition, Orden und Sekten
• Personen, mit denen eine starke karmische Verbindung besteht

Flüche

Fluchenergien stammen meist aus früheren Leben. Sind Flüche einmal ausgesprochen, entwickeln sie ein energetisches Eigenleben, bilden feinstoffliche Verdichtungen und wirken über viele Leben hinweg. Um sie zu neutralisieren und zu löschen, ist die Kenntnis des Jahres, in dem die Verfluchung stattfand, und des Themas notwendig.

Gottesverfluchung

Wurde Gott verneint oder der Glaube an ihn verloren, entstehen dichte dunkle Energien im energetisch-ätherischen und im spirituellen Bereich. Sie können insbesondere das Herz schwer belasten. Betroffen sind überwiegend die rechte Hälfte des spirituellen Herzens sowie die Kommunikation mit dem Hohen Selbst. Notwendig ist hier eine radikale Selbstvergebung.

Familienflüche

Familienflüche richten sich entweder auf die gesamte Familie oder aber nur auf die weiblichen bzw. männlichen Mitglieder. Meist sind sie zwischen 80 und 120 Jahre alt. Manchmal werden sie mit dem Tod des Familienältesten aufgelöst. Gelöscht werden können Familienflüche durch mehrmaliges Wiederholen eines entsprechenden Rituals (siehe S. 57), das ein einzelnes Familienmitglied für alle anderen Betroffenen durchführt.

Selbstverfluchungen

Selbstverfluchungen wirken besonders nachhaltig, da sie eine bewusste und anerkannte Täterschaft implizieren, aus der Selbstzerstörungsmuster, anhaltende Schuldkomplexe und sogar bewusste Lebensbeendigung, entstehen. Es ist wichtig, Zeitpunkt und Inhalt des Fluchs möglichst genau zu kennen und diesen in einem entsprechenden Ritual (siehe S. 57) aufzulösen.

Fremdverfluchungen

Bei derartigen Flüchen sind Täter und Opfer eng miteinander verbunden. Festzustellen ist daher zunächst, wer Verfluchter und wer Verfluchender ist. Zwischen beiden besteht in jedem Fall eine starke karmische Resonanzverbindung. Die Auflösung wird durch entsprechende Rituale (siehe S. 57) unter Angabe von Jahreszahl und Thema aufgelöst.

Nichteinhalten von Gelübden

Wurden in der Vergangenheit Gelübde gebrochen oder nicht eingehalten, verdichten sich die Energien zu »schwarzen Flecken«, die in der Spiritualebene der Aura und im Ätherbereich zu finden sind. Sie binden viel Energie und sind oft an belastende Erinnerungen gebunden. Es gibt sechs klassische Gelübde:

- Schweigen
- Keuschheit
- Armut
- Gehorsam (gegenüber dem Papst)
- Treue (gegenüber dem Orden und
  seinem Abt bzw. Großmeister)
- Kreuzfahrergelübde

Für die Mönchsritter des Templerordens, die Johanniter, Christusritter und deutschen Ordensritter galten zusätzlich noch die Gelübde:

- Besitzlosigkeit
- Kampf gegen Ungläubige

Auch sie können über ein entsprechendes Ritual (siehe S. 57) aufgelöst werden.

Im Bereich der Mentalaura

Bei Verdichtungen, die sich in der Mentalaura festsetzen, steht die mentale Komponente im Vordergrund.
Es handelt sich um Programme, die auf den mentalen und den emotionalen Bereich bezogen sind. An ihnen ist ausschließlich das Kopfhirn, jedoch nicht das Bauchhirn beteiligt.

Mentale Glaubenssätze

- Ich stehe unter Druck.
- Ich setze mich selbst unter Druck.
- Ich habe Angst.
- Meine Ängste lähmen mich.
- Ich weiß nicht, wer ich bin.
- Ich bin voller Zweifel.
- Ich schaffe es nicht.
- Ich muss alles perfekt machen.
- Ich brauche Anerkennung.
- Ich bin nicht gut genug.
- Ich bin äußerlich und innerlich nicht schön genug.
- Ich bin allein.
- Ich bin wie gelähmt.
- Ich bin orientierungslos.
- Ich stelle mich zu sehr zurück.
- Ich bin schuldig.
- Neben mir hält es keiner aus.
- Ich bin getrennt von mir.
- Ich kann mich nicht entscheiden.
- Ich vertraue niemandem.
- Ich bin nicht in meiner Kraft.
- Ich bin fremdgesteuert.
- Ich muss es jedem recht machen.

- Ich muss alles selbst machen.
- Ich muss alles im Griff haben.
- Ich habe eine starke innere Unruhe.
- Ich will nicht alles hören.
- Andere sind wichtiger als ich.
- Ich habe Angst, Fehler zu machen.
- Ich werde nicht geliebt.
- Es steht mir nicht zu, glücklich zu sein.
- Meine Ohnmacht lähmt mich.
- Alle sind gegen mich.
- Man nutzt mich aus.
- Man lässt mich im Stich.
- Ich finde meinen Weg nicht.

Mentale und mentale Manifestationen

Verdichtete Gedankenformen üben oft einen großen Einfluss auf die persönliche Einstellung aus.

- Ich kann nicht loslassen.
- Ich kann nicht vergeben.
- Ich bin schuldig.
- Ich bin nicht gut genug.
- Ich erkenne mich zu wenig an.
- Es steht mir nicht zu, erfolgreich und in der Fülle zu sein.
- Ich fühle mich schuldig und traurig.
- Ich habe Angst, zu verletzen und verletzt zu werden.

Fixationen

Bei Fixationen handelt es sich um starre, sich permanent wie-derholende Ideen, die einen Menschen immerfort gedanklich beschäftigen. Dieser dreht sich mental ständig im Kreis. Die Ursache sind Gedankenprogramme, die von der linken zur rechten Schläfe bewegt werden, dort jedoch nicht als Bilder mit den entsprechenden hoch schwingenden Sinneswahrnehmungen und Gefühlsregungen ankommen.

- Ich bin nichts wert.
- Ich bin nicht gut genug.
- Ich bin nicht so gut wie die anderen.
- Ich werde nicht anerkannt.
- Ich muss etwas leisten, um anerkannt zu werden.
- Ich bin unglücklich.
- Ich lasse nicht los.
- Ich muss immer lieb sein.
- Ich muss alles selbst machen.
- Ich isoliere mich.
- Ich nutze mein Potenzial nicht.
- Ich kann mich nicht entscheiden.
- Ich muss weg.
- Ich bin starr.
- Ich kann es nicht.
- Ich muss alles richtig machen.
- Das Leben ist ein Kampf.
- Ich muss alles unter Kontrolle haben.
- Ich schaffe es ja doch nicht.
- Ich habe Angst vor meiner eigenen Stärke.
- Ich muss funktionieren.
- Mir fehlt Vertrauen.
- Es steht mir nicht zu, erfolgreich zu sein.
- Ich bin unglücklich.
- Ich will mich zerstören.

Im Bereich der Astralaura

Emotionale Glaubenssätze
Emotionale entsprechen den mentalen Glaubenssätzen, nur spiegeln sie den emotionalen Bereich wider und schließen das Bauchhirn mit ein.

Emotionale und emotionale Manifestationen
Verdichtete Gefühlsmuster üben eine starke Wirkung auf das persönliche Bewusstsein aus.

• Ich werde nicht anerkannt.
• Ich bin verwirrt.
• Ich bin blockiert.
• Ich bin alleine.
• Ich bin einsam.
• Ich bin unerwünscht.

- Ich werde nicht wertgeschätzt.
- Ich lasse mich verletzen.
- Ich verletze andere.
- Ich habe Angst.
- Ich habe Angst, zu verletzen und verletzt zu werden.
- Ich habe Angst, etwas falsch zu machen.
- Ich bin zerrissen.
- Ich bin unglücklich.
- Ich fühle mich schuldig.
- Ich bin enttäuscht.
- Ich bin nichts wert.
- Man würdigt mich zu wenig.
- Ich bin verkannt.
- Ich bin unruhig.
- Niemand liebt mich.
- Ich bin nicht voll da.
- Ich fühle mich verletzt.
- Ich kann keine Entscheidungen treffen.

Im Bereich der Fluidalebene

Direkt oberhalb und unterhalb der Haut des physischen Körpers befindet sich die sogenannte Fluidalebene. Sie stellt den gröbsten noch feinstofflichen Bereich dar. Hier befinden sich Verdichtungen, die auf energetische Ungleichgewichte aus früheren Leben und karmische Negativprogramme zurückzuführen sind, oft auf der Basis der »künstlichen Matrix«. Hierzu gehören Selbstzerstörungstendenzen, Selbstverfluchungen, negative Basisprogramme, Schockerlebnisse, negative Familienprogramme wie Schuld, spezielle Ängste und Fluchenergien.[10]

---

10 Siehe auch Anhang S. 130–131.

Früher oder später führen diese Verdichtungen zu grobstoffli-chen Störungen. Gelingt es, die Fluidalebene zu reinigen, wird auch körperlichen Leiden weitestgehend die informatorische und energetische Grundlage entzogen.

Verwünschungen

Verwünschungen belasten Menschen und Dinge wie üble Nach-rede, weil sie mit bewusst eingesetzten negativen Energien ver-bunden sind. Sie sitzen informativ in der Astralebene, energe-tisch jedoch im Ätherbereich und ziehen von dort Energien ab.

Versprechen

Vor allem laut ausgesprochene Versprechen, die mit starker emotionaler Erregung verbunden sind, haben nachhaltige ener-getische Auswirkungen. Dies gilt besonders, wenn sie in gefühls-mäßigen Extremsituationen formuliert wurden, beispielsweise gegenüber einem Sterbenden. Sie bewirken oftmals Abhängig-keitsverhältnisse zwischen bestimmten Personen. Solche Ver-sprechen sind z. B.:

• Ich werde dir ewig treu sein.
• Ich bin immer für dich da.
• Ich werde dich niemals verlassen.
• Ich werde immer für dich sorgen.
• Ich lasse dich nie allein.

Versprechen können, wie andere energetische Anhaftungen auch, durch ein Ritual (siehe S. 57) aufgelöst werden.

Schwur und Eid

Die verdichteten Energiepotenziale von Schwüren sitzen als Anhaftungen informativ meist in der Astralebene und energetisch
im Ätherbereich. Sie ziehen nachhaltig lebensnotwendige Energie ab. Der Unterschied zwischen Schwur und Eid liegt ausschließlich in der Anwendung oder Nichtanwendung der Worte
»so wahr mir Gott helfe«.

Bann

Die negativen Energien eines Banns können sich auf Menschen,
Familien, Geschlechter, Besitztümer, Gebiete, Beschäftigungen
und berufliche Aktivitäten auswirken. In früheren Zeiten wurde er überwiegend von Priestern und kirchlichen Institutionen
ausgesprochen. Er ist in entsprechenden Gedankenmustern
und Glaubenssätzen verhaftet und mental umzuprogrammie-
ren. Das entsprechende Auflösungsritual (siehe S. 57) ist sehr
wichtig.

Verbote

Auch Verbote haben als verdichtete Energiepotenziale starke
Auswirkungen auf den Ätherbereich. Die Intensität der dahinter
stehenden Energie bestimmt ihren Wirkungsgrad. Auch Verbote
können durch ein entsprechendes Ritual (siehe S. 57) aufgelöst
werden.

Selbstzerstörungs- und Suchtprogramme

Gerade in Bezug auf Geld können Suchtprogramme eine große
Rolle spielen, z. B. Spielsucht, Alkoholismus oder Kleptomanie.

Karmische Muster

Wenn man von Karma spricht, meint man vor allem nicht auf-
gearbeitete positive und negative Lernerfahrungen aus früheren Leben. Als »unerledigte Hausaufgaben« werden sie in den
kosmischen Plan für die aktuelle Inkarnation übernommen, den
das Hohe Selbst verwaltet.

Als Negativpotenziale werden sie auf verschiedenen feinstofflichen Ebenen verdichtet: Licht- und Dunkelheitsphänomene in
der Spiritualebene, Mentale, Fixationen und mentale Glaubenssätze in der Mentalebene. Normalerweise ist Karma jedoch
in der Astralebene als starre, aggressive männliche oder als
schwammige, amorphe weibliche Form in dreckigen, dichten
und unangenehmen Farben zu erkennen. Es hat damit genauso
wie emotionale und psychische Glaubenssätze negative energetische Auswirkungen auf die Fluidalebene der Aura und den
Ätherbereich allgemein.

Bei einem Mangel an Photonen kann sich Karma auch von
der Fluidalebene aus im Binde- und Muskelgewebe sowie den
Schleimhäuten des Darms verdichten. Im Bereich der Unterschenkel gibt es eine wenige Quadratzentimeter große Stelle,
in der sich spezielle Karmaprogramme manifestieren. Eine Ver-
härtung ist durch Fingerauflegen ohne Druck wahrnehmbar.

Zur persönlichen Aufarbeitung von Karma ist es wichtig, sich
das zentrale Lernthema anzuschauen, die entsprechenden
Sachverhalte anzunehmen, ganz bewusst über sie nachzuden-
ken und sie zu integrieren.

Um Erlösung zu erfahren, sind noch einmal eine Konfrontation
mit dem Tatbestand und seine Annahme notwendig. Identifizieren Sie sich mit ihm, erkennen Sie den mit der Tat begangenen
Fehler in einer bewussten Lernerfahrung. Die negative Energie

gilt es zunächst anzunehmen und anschließend durch Nachdenken, positives Entscheiden, »Entschulden«, wechselseitiges Verzeihen, Vergeben, Selbstvergebung, Sühne- und Opferverhalten auszugleichen.

Um Karma wirksam aufzulösen, sind grundsätzlich vier Einzelschritte bzw. Bitten um Vergebung notwendig: Das Opfer muss dem Täter vergeben, der Täter dem Opfer, das Opfer dem Opfer sowie der Täter dem Täter. Das Wichtigste ist dabei, sich die eigenen Handlungen zu vergeben, denn nur Selbstvergebung schließt den gesamten Vorgang ab.
Es ist prinzipiell möglich, die karmische Verbindung auch einseitig aufzulösen, falls trotz entsprechender Bitten um Vergebung und die Erbringung der notwendigen Vorleistungen der andere Beteiligte nicht bereit ist, zu vergeben, man selbst aber in sich und mit sich selbst den gesamten Vorgang aufgearbeitet und bereinigt hat.

Die Auflösung von Verdichtungen

Rituale

Es gibt verschiedene Möglichkeiten, Verdichtungen aller Art umzupolen und aufzulösen. Für Glaubenssätze, Gedankenprogramme, Gefühlsmuster etc. eignen sich jeweils spezielle Rituale, die auf meiner Homepage einzeln aufgeführt sind.[11]

Es existiert aber auch ein allgemeines Ritual für alle Arten von Verdichtungen, das ich Ihnen hier vorstelle. Sie sollten es so lange wiederholen, bis Sie intuitiv merken, dass das Störpotenzial aufgelöst ist. Um ganz sicher zu sein, wiederholen Sie es im Abstand weniger Tage noch 2 bis 3 Mal.

Übung

Ritual für Verdichtungen von Themen mit Negativpotenzial

Sprechen Sie jeden Satz bzw. Absatz 4 Mal, möglichst laut, aus!
»Bitte.
Ich danke für die Begleitung, Führung und Unterstützung meines Hohen Selbst, der lichten Seite meines Inneren Kindes und helfender lichter Wesenheiten aus den höheren himmlischen Hierarchien.
Mein Name ist …
Danke, Inneres Kind, Hohes Selbst, Geistführer, Engel, Erzengel, Kosmische Wächter, Spiritualberater, Ahnen und sämtliche Wesen der lichten Hierarchien, für eure aktive Hilfe.
Ich habe ein Negativprogramm. Mein Negativprogramm ist …
(beschreiben Sie hier ausführlich die Sie belastenden Energien).

---

11 www.huna-seminare.at/Formulare

Dieses hat einen Namen. Dieser ist ... (geben Sie Ihrem Negativpotenzial intuitiv ein Codewort, mit dem Sie es im Folgenden bezeichnen können).

Dieses Negativprogramm belastet mein Energiefeld. Aber ich weiß, dass ich mit meinem freien menschlichen Willen jedes Programm ändern kann, auch mein Thema ... (Codewort)!

Dies tue ich nunmehr im Hier und Jetzt! Ich ändere bewusst mein altes Programm.

Ich will, dass mein Negativpotenzial mit dem Thema ... (Codewort) aufgehoben wird!

Dies geschieht im Hier und Jetzt!

Es spricht alles dafür, dass dieses Negativpotenzial verschwindet. An seine Stelle tritt die positive Affirmation ...!

Ab sofort wirkt dieses Energie aufbauende, positive Programm! Ich habe es als kreativer, göttlicher Co-Schöpfer erschaffen.

Heilung mit Liebe geschieht im Hier und Jetzt! (Wiederholen Sie diesen Satz 7 Mal.)

So sei es!

Danke!«

Affirmationen

Eine ähnliche Macht wie inbrünstige Gebete haben positive Affirmationen, die ein starkes Energie- und Vertrauenspotenzial öffnen.

Übung

Suchen Sie sich aus der folgenden Liste eine Affirmation heraus, mit der Sie in Resonanz gehen. Wiederholen Sie diese Affirmation über mehrere Tage immer wieder im gleichen Wortlaut.

- Die größte Macht in meiner Existenz stellen meine Gedanken dar, denn Energie folgt der Aufmerksamkeit.
- Ich lasse negative Gedanken los und ersetze sie durch positive.
- Die Ursache meines Schicksals sind meine Gedanken und Erwartungen, Tatsachen sind ihre Folgen. Deshalb bin ich der Lenker meines Schicksals. Ich kann alles – ich will alles.
- Liebevolle, gütige und verständnisvolle Gedanken stärken mich und andere. Meine Gedanken sind Energieimpulse, die auf mich und andere Menschen wirken.
- Die Qualität der von mir ausgesandten Gedanken bedingt und bestimmt auch die Qualität der Gedanken, die ich empfangen kann.
- Das Leben und die Kräfte, die es mir gegeben hat, fragen nicht: »Wo kommst du her?«, sondern: »Wo willst du hin?«
- Mein wichtigstes Ziel ist es, ein sinnvolles Leben in Gesundheit, Freiheit, Harmonie, Erfolg, Glück, Wohlstand, Liebe und Licht zu führen und in Demut und Dankbarkeit Liebe auf Erden zu leben.
- Das Vergangene ist vergangen! Innerer Frieden ist nur dann möglich, wenn die Vergangenheit abgeschlossen und verar-

beitet ist – ich vergebe anderen und mir! Ich lerne, dass die verletzenden Bilder und Erfahrungen der Vergangenheit keine Macht mehr über mich haben!

- Inneren Frieden erreiche ich nur durch Vergebung.
- Ich erkenne den tieferen Sinn negativer Erfahrungen der Vergangenheit an.
- Probleme entstehen nur durch die von mir selbst geschaffenen Begrenzungen meiner Gedanken, durch meinen Kleinmut und meine subjektive Überzeugung, Probleme nicht lösen zu können.
- Ich bin niemals allein: Die liebende Lebenskraft Gottes ist immer bei mir und in mir und lässt mich nie im Stich!
- Ich habe immer die Wahl zwischen Angst und Freude, Hass und Freiheit. Nur ich wähle, niemand sonst.
- Geben macht frei; Nehmen macht abhängig.
- Ich gebe, helfe und baue mir eine eigene Welt des Friedens auf.
- Ein positiver Gedanke ist die Ursache für eine positive Realität.
- Suche ich Liebe, bin ich abhängig; gebe ich Liebe, bin ich frei!
- Nur das Hier und Jetzt zählt!
- Ich verbinde mich mit dem Gott in mir und seiner grenzenlosen, liebenden Lebenskraft.
- Ich glaube an den tieferen Sinn des Lebens. Das Leben meint es in Wirklichkeit ausschließlich gut mit mir! Ich muss dies nur erkennen und annehmen.
- Ich verstehe den tieferen Sinn vergangener Ereignisse.
- Ich betrachte alles mit den Augen der Liebe und handle danach, nach der ordnenden, heilenden, grenzenlosen, liebenden Kraft allen Seins.
- Ich bin eins mit der liebenden Lebenskraft. Sie heilt mich!
- Ich bin still, ich bin ruhig, ich bin sicher, ich bin heil, ich bin gesund durch die liebende Lebenskraft – alles ist gut!

- Ich allein habe die Macht und die Verantwortung, durch meine Gedanken mein Schicksal selbst zu gestalten, zu wählen und festzulegen, was ich denke.
- Ich bin das, womit ich mich geistig verbinde. So entwickelt sich durch meine Gedanken, für die nur ich die Verantwortung trage, meine eigene, individuelle Identität.
- Ich bin frei: spirituell, mental, emotional, materiell – mein neues Leben beginnt jetzt!
- Ich bin immer ehrlich, denn die Wahrheit ist der Weg zu unserem eigenen Inneren, zu uns selbst!
- In mir ist die Kraft, sie macht mich still, friedlich, frei und verständnisvoll, fair und ruhig.
- Liebe gibt immer, Liebe strahlt aus, Liebe will immer helfen, Liebe dient.
- Liebe ist das Einzige, was mehr wird, wenn ich es teile.
- Die liebende Lebenskraft in mir ist die Quelle aller heilenden Energien und ein immerwährender, allmächtiger Schutz.
- Alles ist Liebe, ich bin Teil des liebenden Universums, Liebe ist die stärkste Kraft, Liebe ist. Ich liebe mich, ich nehme mich so an, wie ich bin!
- Ich bin Liebe.
- Niemand kann empfangen, ohne zu geben.
- Lerne, wachse, reife, liebe!
- Das Leben ist schön.
- Es geht mir in jedem Moment und in jeder Hinsicht besser und besser.

Der Umgang mit Anhaftungen

Anhaftungen sind negative Energien, die sich zu eigenständigen Entitäten verdichtet haben. Sie rühren meist von bisher unerledigten Themen her und setzen sich in der Aura – oft in der Fluidalebene des Ätherbereiches – oder in bestimmten Körperzonen fest. Sie bewirken geringe Abweichungen im elektromagnetischen Feld und ziehen dadurch Lebensenergie ab, weshalb man sie auch als »Vakuumdomänen« oder »Energievampire« bezeichnet. Physisch ist dies als Schlappheit, Lustlosigkeit und Müdigkeit zu spüren. Anhaftungen können gefühlt und empfunden, in seltenen Fällen auch gesehen werden, beispielsweise als Orbs oder Lichterscheinungen.

Zu ihnen und dem mit ihnen verbundenen Thema besteht immer ein energetischer Zusammenhang, was sich in einem entsprechenden Resonanzverhalten zeigt. Erst, wenn der zugrunde liegende Sachverhalt »geheilt« worden ist, verschwinden diese Anhaftungen. Dazu kann das folgende Ritual verwendet werden.

Typische Anhaftungen eigenständiger Wesenheiten

Elementare und Elementale

Elementare stehen außerhalb des göttlichen Schöpfungsprozesses, sie wurden durch die Gedankenkraft von Menschen künstlich erschaffen. Als von einem Meister abhängige Helfer bleiben sie bei diesem und helfen ihm bei der Erfüllung bestimmter Aufgaben, z. B. Kräuter suchen.

Elementale werden, wie Elementare, magisch geschaffen. Anders als diese sind sie jedoch bei ihrer Aufgabenerfüllung von ihrem Schöpfer getrennt. Sie werden über ein schwarzmagisches Ritual zu einem anderen Ort, oft auch zu einer anderen Person geschickt, um dieser zu schaden. Elementale können durch entsprechende Rituale in andere Menschen versetzt werden, um diese auf allen Ebenen negativ zu beeinflussen, im äußersten Fall sogar zu töten. Mit folgendem Ritual können sie in Liebe aufgelöst werden.

Ritual bei Anhaftungen eigenständiger Wesenheiten

Sprechen Sie jeden Satz/Absatz 4 mal, möglichst laut, aus.
»Bitte.
Ich danke für die Begleitung, Führung und Unterstützung meines Hohen Selbst, der lichten Seite meines Inneren Kindes und helfender lichter Wesenheiten aus den höheren himmlischen Hierarchien.
Mein Name ist ... Wie heißt du? (Falls Sie keinen Namen erhalten, geben Sie der Anhaftung intuitiv einen!)
Ich achte dich, ich respektiere dich, ich schätze dich, ich liebe dich!
Du bist eine eigenständige Wesenheit. Du gehörst nicht hierher, du gehörst nicht in diese dichten Dimensionen der Materie und des Stoffes.
Du gehörst in die Dimension des Lichtes und der Liebe.
Du bist tot! Du bist gestorben! Du gehörst nicht mehr in diese stoffliche Welt!
Es hält dich nichts mehr in diesem materiellen Umfeld der 1. bis 4. Dimension.
Deine Aufgaben hier sind erledigt.
Ich kann dich mit Liebe in das Licht begleiten, Willst du das? (Wärme, Leichtigkeit oder ein Energieschub bedeuten Ja!)

Geh zurück zu deiner letzten Inkarnation. Nimm alles mit, was dich mit ihr verbindet und jemals verbunden hat – Dateien, Festplatten, sämtliche Inhalte des Zellgedächtnisses!

Gib alles in einen »schwarzen Sack«!

Wir gehen nunmehr gemeinsam mit dem »schwarzen Sack« in Richtung der Brücke des Lichtes. Dort ist ein Feuer. Wirf den schwarzen Sack in das Feuer, ... (Name der Wesenheit)!

Sieh zu, wie er verbrennt, ... (Name der Wesenheit)!

Löse dich von allen Informationen, die dich mit dieser Inkarnation verbunden haben!

Wir gehen gemeinsam zur Mitte der Brücke des Lichtes.

Wir bitten eine oder mehrere Wesenheiten der lichten Seite aus den höheren himmlischen Hierarchien, freiwillig zu kommen, um dich von der Mitte der Brücke des Lichtes abzuholen und in das Nullpotenzial der Liebe zu begleiten!

Geh mit Licht in die Liebe der 12. Dimension.

Geh! Geh! Geh! Geh!

Heilung mit Liebe geschieht im Hier und Jetzt, ... (Name der Wesenheit)! (Wiederholen Sie diesen Satz 7 Mal.)

So sei es.

Danke!«

Erdverbundene Seelen, Grabenergien und Geister

Bei **erdverbundenen Seelen** handelt es sich um Wesen in einem Raum zwischen grobstofflichem, körperlichem Sein und einer lichten Dimension der Seelen in der Anderswelt. Dieser Ort wird im Volksmund oft als Fegefeuer oder Hölle bezeichnet. Diese Wesenheiten sind nirgendwo zu Hause und haben keine Orientierung in Raum und Zeit. Sie irren deshalb im Schattenreich umher, ohne dass ihnen bewusst ist, dass sie bereits gestorben sind.

Ähnlich wie bei erdverbundenen Seelen handelt es sich bei **aktiven Grabenergien** um Verstorbene, die jedoch nicht namentlich bekannt sind. Diese verdichteten Negativenergien können sich über Jahrhunderte in der Erde und der Natur halten und tragen nicht selten dazu bei, dass es in Häusern und anderen Gebauden zu unerklärlichem Energieabzug, Schlafstörungen sowie physischen und psychischen Belastungen kommt.

Besteht darüber hinaus noch eine starke Verbindung zu bestimmten Orten, Gegenständen, Bildern, Statuen, Räumen usw., spricht man bei diesen Wesen häufig von **Geistern.** Diese feinstofflichen Wesen aus den Zwischenreichen befinden sich außerhalb der quantitativ-linearen Zeit und können auch materielle Raumgrenzen überwinden. Sie haben meist eine starke stoffliche Verhaftung.

Bei beiden Energieformen hilft das Ritual auf S. 63.

Wesen aus den Zwischen- und Schattenreichen

Wesen aus den Zwischenreichen sind meist keine verstorbenen Menschen oder Tiere, sondern energetische Verdichtungen, die durch besondere Ereignisse entstanden sind. Sie stellen selbstständige Entitäten dar, die einen Namen tragen und für ein bestimmtes Thema stehen. Es kann sich hierbei um verdichtete Ängste, Schuldkomplexe, Blockaden oder sonstige starre Negativprogramme handeln.

Phantome, Schemen, Larven

Bei **Phantomen** handelt es sich um Glaubenssätze, die sich in bestimmten Körperzonen entsprechend ihrem Resonanzthema zu eigenständigen Wesenheiten verdichtet haben. Um sie aufzulösen, ist es notwendig, ihren Namen festzustellen und diesen einem bestimmten Thema zuzuordnen. Dann können sie mit dem Ritual (siehe S. 63) aufgelöst werden.

Schemen sind ebenfalls eigenständige Wesenheiten mit einem eigenen Namen und Thema, die aus einer Gedankenform entstanden sind. Diese ist jedoch wesentlich stärker und dichter als mentale Manifestationen und Fixierungen und deshalb entsprechend langlebiger. Auch Schemen können mit dem beschriebenen Ritual für Anhaftungen aufgelöst werden.

Auch **Larven** sind eigenständige Wesenheiten mit einem Namen und Thema, jedoch auf der Gefühlsebene. Stärker als Emotionale und emotionale Manifestationen stellen sie Verdichtungen eines intensiven Gefühlslebens dar, die sich auch zu extremen Leidenschaften, psychischen Erregungen und Psychosen entwickeln können.

Fragmente

Fragmente sind energetisch negativ belastete Örtlichkeiten wie Räume, Häuser und Stadtviertel, an denen sich belastende Negativpotenziale aus der Vergangenheit als »Energiewolken« gehalten haben. In Bezug auf das Thema Geld können dies beispielsweise Schuldtürme, Kerker, Lagereinrichtungen, Markthallen, Burgen und Schlösser sein. Gehen wir mit diesen Themen in Resonanz, ziehen sie uns wertvolle Lebens- und Willensenergie ab.

Schwarzmagische Aktivitäten

Magie ist grundsätzlich neutral. Sie umfasst Rituale, deren Auswirkungen mit den Sinneswahrnehmungen der logisch-analytischen linken Gehirnhälfte nicht zufriedenstellend zu erklären sind.

Es gibt »weiße« und »schwarze« Magie. Der Unterschied liegt lediglich in der dahinterstehenden Absicht. Werden Rituale zum Wohle von einem selbst, anderen und dem großen Ganzen angewendet, ist dies **weiße Magie.** Sollen einseitig Vorteile auf

Kosten anderer oder zu Lasten des großen Ganzen erzielt werden, handelt es sich um **schwarze Magie.** Selbstzerstörungsprogramme und Suchtverhalten gehören dazu.

Der beste Schutz vor schwarzer Magie ist Glaube, Liebe, Friede, innere und äußere Harmonie. Herrschen sie vor, wird Angriffen in der Regel keinerlei spirituelle, mentale, emotionale, energetische oder physische Angriffsfläche geboten. Ein Mangel an Licht, Leben und Liebe macht hingegen angreifbar für schwarzmagische Attacken. Als Schutz bieten sich auch verschiedene Symbole an wie Pentagramme und Septagramme mit der Spitze nach oben sowie die Visualisierung der 783 bzw. der 888.

Ich lasse los.

Ich lasse los – jetzt.

Ich beginne einen neuen Lebensabschnitt – jetzt.

Ich beginne ein sinnvolles Leben in Freiheit,
in Harmonie, in Gesundheit, in Glück, mit Erfolg,
mit Vitalität, in Liebe und Licht – jetzt.

TEIL V

Spirituelle Methoden zur Heilung des Geldbewusstseins

Allgemeine Grundlagen

Um unser gestörtes persönliches Geldbewusstsein zu heilen, muss die notwendige Änderung zuerst in unserem Inneren erfolgen, damit im Äußeren andere, positive Umstände eintreten können.

Der wichtigste Schritt ist dabei, Wertschätzung uns selbst gegenüber aufzubauen. Wenn wir unsere eigene Göttlichkeit annehmen, kommen wir uneingeschränkt in unsere eigene Kraft als vollkommener, unsterblicher, kreativer, göttlicher Co-Schöpfer.

Das Denken der Menschen hängt stark davon ab, in welchem Kulturkreis sie die wichtigsten Inkarnationen ihres Lebens auf der Erde verbracht und durch welche Religionen sie dort maßgeblich geprägt wurden. Hier ist eine deutliche Zweiteilung festzustellen.

Bewohner der **»westlichen Welt«** waren immer von den drei Hauptreligionen Judentum, Christentum und Islam, geprägt. Diese entstanden alle etwa gleichzeitig im Mittelmeerraum und bezogen sich auf den Urvater Abraham. In ihnen existiert ein wertender, richtender, strafender Gott, wie er uns z. B. im Alten Testament begegnet. Dieser Sachverhalt prägt seit Jahrtausenden das Denken, Fühlen, Glauben und Handeln der Menschen aus Europa, Amerika und Afrika in Form von angst-, druck- und schuldgeprägten Mustern.

Einwohner des **Pazifikraumes** mussten niemals mit diesen Einschränkungen leben. Umgeben von einer überwältigenden Natur wuchsen sie auf in Fülle, Freude und Lockerheit. Sie glaubten an die Urquelle Akua, die nur aus Liebe besteht und ihr Leben in Liebe beeinflusst. Deshalb denken sie nur positiv.

Übung

Grundsätzlich haben Sie in jeder Situation drei Möglichkeiten des Denkens und Entscheidens, sinnbildlich am Beispiel eines Wasserglases zu verdeutlichen. Ihr Glas ist:

• halb leer (negativ)
• zur Hälfte gefüllt (neutral)
• halb voll (positiv)

Wie Sie auch denken, diese Schwingung senden Sie aus, und sie kommt verstärkt aus dem Universum zu Ihnen zurück.

Unsere Probleme haben also hauptsächlich in negativem Denken ihre Ursache. Deshalb beschäftigen wir uns zur Heilung dieser Blockaden schwerpunktmäßig mit Methoden des positiven Denkens und Lebens. Die meisten der vorgestellten Techniken gehen zurück auf das **Huna**-Gedankengut. Dieses wurde durch die geniale Lebensarbeit des amerikanischen Sprachforschers **Max Freedom Long** (1890–1971) wiederentdeckt und ist heute weltweit die Grundlage der Arbeit der meisten erfolgreichen Spiritual- und Mentaltrainer.

Aufbauende Eigenschaften im individuellen Umgang mit Geld

Eigenliebe stärken – Liebe sein

»Liebe deinen Nächsten wie dich selbst.«

(Matthäus 22, 39)

Diese Anweisung ist die wichtigste Handlungsmaxime für das tägliche Leben jedes einzelnen Menschen. Sie können nur etwas weitergeben, was Sie selbst besitzen. Also müssen Sie in Bezug auf Liebe, der stärksten Kraft im Universum und der Essenz der Urquelle, bei sich selbst beginnen – indem Sie Eigenliebe aufbauen.

Übung

Denken, fühlen, sprechen und handeln Sie in Bezug auf sich selbst immer nur positiv, aufbauend und harmonisierend. Beginnen Sie in diesem Sinne den Tag, und beenden Sie ihn auch so.[12] Werden Sie sich jedes Zentimeters Ihres Körpers bewusst, lernen Sie seine Vollkommenheit kennen und schätzen: Berühren Sie jede Stelle Ihres Körpers, begrüßen Sie diese, und freuen Sie sich darüber.

Segnen Sie Ihren Körper, und werden Sie sich seiner Einmaligkeit bewusst.

---

12 Hilfreich hierzu können einige meiner Meditations-CDs sein, z. B. »Abendmeditation«, »Ich bin liebenswert« und »Botschaft meines Körpers« (Schirner) sowie »Ich liebe mich«, »Ich liebe meinen Körper« und »Ich bin einmalig« (www.huna-seminare.at).

Ich bin ein göttliches Wesen,
beschenkt mit einem vollkommenen Körper.

Ich habe einen vergänglichen, sterblichen,
physisch-grobstofflichen Körper
als »dunklen Spiegel«, aber ich bin viel mehr als das.

Ich bin unsterbliches, ewiges, vollkommenes,
mit allem Sein verbundenes, göttliches,
universales Bewusstsein.

Ihr persönliches Verhältnis zum Geld hängt davon ab, welches Programm bei Ihnen abläuft. Dies wird durch Ihre Erinnerungen und karmischen Einflüsse bestimmt. Fragen Sie sich:

• Sind Sie es sich wert, genug Geld zu haben?
• Macht Geld Sie glücklich?
• Nimmt die Liebe zum Geld zu, je mehr das Geld zunimmt?
• Können Sie es mit Ihrem Gewissen vereinbaren, immer genug Geld zu haben?

Können Sie nicht alle Fragen innerlich bejahen, haben Sie ein Problem mit Geld, das Sie mit den folgenden Übungen bearbeiten sollten.

Vom positiven Denken zum positiven Leben
Eine Veränderung beginnt immer im Denken und setzt sich schrittweise ins Leben fort.

Positives Denken: Sie erkennen, dass alles gut ist, denn alles will Ihnen nur helfen und dienen. Sie gehen achtsam und beharrlich durchs Leben, voller Vertrauen und Humor, und tun gelassen, was zu tun ist. Dankbar erkennen Sie die Wirklichkeit hinter dem Schein und leben geborgen in der Fülle des Seins.

Positives Fühlen: Sie nehmen offen und ausgeglichen die Menschen so an, wie sie sind, und beobachten das Leben nur – bewerten es nicht –, um liebevoll das Richtige geschehen zu lassen. Gewöhnen Sie es sich ab, über andere zu urteilen, denn »mit demselben Maß, mit dem ihr messt, werdet auch ihr gemessen« (Lukas 6, 38)!

Positives Wollen: Sie wollen lernen und verstehen – hören, was das Leben will. Dann lautet Ihre wichtigste Maxime: Entwicklung durch Erfahrungen.

Positives Leben: Es ist wichtig, immer die Geistigen Gesetze zu beachten, gelassen durchs Leben zu gehen in der Erkenntnis, dass alles »gleich gültig« ist, dabei harmonische Beziehungen zu pflegen und sich an den kleinen Dingen des Lebens zu erfreuen, gern zu nehmen, aber auch jederzeit gern bereit zu sein, zu geben. Sie leben vernünftig, vorbildlich und gesund, genießen dankbar und bewusst jeden Augenblick – so, als wäre es Ihr letzter.

Der freie Wille und die Macht der Gedanken

Mit der Annahme der eigenen Göttlichkeit betritt jeder Mensch bewusst den Bereich des universalen Bewusstseins und wird durch den freien Willen zum Gottmenschen. Über die »göttliche Matrix« erhält er Zugang zu Weisheiten und Ordnungsprinzipien des Universums. Durch den Aufbau von Eigenliebe verschmilzt er mit dem Nullpotenzial der Urquelle in reiner Liebe.

Die Entwicklung im individuellen Lernprozess des einzelnen Menschen besteht aus positiven und negativen Erfahrungen, die er in vielen, vielleicht zwei- bis dreihundert Inkarnationen sammelt. Dabei enthalten Negativerfahrungen oftmals eine höhere Lernqualität als positive.

Der freie Wille äußert sich vordergründig über die Ego-Komponente, in positiven und negativen Kreationen. Erschaffen vom göttlichen Co-Schöpfer Mensch sind diese jedoch beide gleichermaßen wertzuschätzen. Sowohl negative als auch positive Erfahrungen tragen zur individuellen Evolution des Einzelnen bei. Es ist deshalb unnötig, Schuldgefühle für die eigenen Schöpfungen zu entwickeln. Es gibt keine Verschuldung, nur Lernerfahrungen.

Schuld entsteht im Kopf. Es gibt nur einen Einzigen, der Sie schuldig sprechen kann. Das sind Sie selbst. Und es gibt auch nur einen Einzigen, der Sie von Schuld freisprechen kann. Das sind auch Sie selbst.

Negativimpulse verdichten sich linksdrehend zu engen Spiralen und saugen dabei Energie auf. Aus ihnen entstehen grobstoffliche, starre, materielle Formen, die dem Leben als dynamischem Bewegungsprozess Widerstand entgegensetzen, was zur Ursache von Störpotenzialen und Krankheiten wird.

Positive Gedankenimpulse wirken genau entgegengesetzt. Sie aktivieren rechtsdrehende, Energie abgebende, sich ausdehnende Spiralen, die immer feinschwingender werden und sich zu Leben und Licht entwickeln.

Die eigenen Gedanken erschaffen also die individuelle, subjektive Wirklichkeit. Jeder Mensch lebt sein Leben in seiner eigenen Realität. Es gibt so viele subjektive Wirklichkeiten, wie es Menschen gibt. Es ist deshalb sehr wichtig, die Gedanken bewusst kreativ-schöpferisch einzusetzen und sie in jedem Moment und in jeder Hinsicht zu kontrollieren.

Jeder mögliche Gedanke liegt im Universum als Impuls bereits vor. Sie haben aber immer die persönliche Wahlmöglichkeit, aus dieser riesigen Datenbank aus unzählig vielen einen einzigen Gedanken zu bestimmen und damit eine Entscheidung zu treffen.

Das Wichtigste im Leben ist es,
Entscheidungen zu treffen.
Es gibt grundsätzlich keine falschen Entscheidungen.
Der einzige Fehler, den Sie machen können,
ist, keinen zu machen.

Der »Innere Heiler«

Der »Botschafter Gottes« in uns Menschen ist das Hohe Selbst. Es ist die zuständige Steuerinstanz des Überbewusstseins und stellt als geschlechtsloses, androgynes Lichtwesen eine Verdichtung unserer spirituellen Identität dar. Ein Aspekt des Hohen Selbst ist der »Innere Heiler«, der u. a. unsere Selbstheilungskräfte aufbaut und aktiviert.

Auch ein langfristig gestörtes persönliches Geldbewusstsein kann von ihm geheilt werden. Dies geschieht über die folgende Übung:

Übung

Das Hohe Selbst verbindet die Pyramidenkegel an den Halswirbeln, wo der »Innere Heiler« sitzt, mit dem Zwischenhirn über eine Lichtschiene.

Legen Sie Ihre linke Hand auf Ihr Herz, die rechte auf Ihren Hals. Konzentrieren Sie sich auf den Halsbereich, und wenden Sie sich dem »Inneren Heiler« dort zu, indem Sie die Ho'oponopono-Kurzversion[13] sprechen: »Heilung mit Liebe geschieht im Hier und Jetzt.«

Wiederholen Sie dieses Ritual 7 Mal, um den »Inneren Heiler« zu stärken.

---

13 Vgl. S. 109.

Übung innerer Heiler

Der »Innere Saboteur«

Zwischen den beiden vorderen Schläfenlappen sitzt der »Innere Saboteur«. Er stellt alles infrage, verneint und macht es lächerlich. Seine Aufgabe ist es, zu prüfen, wie ernst ein Gedanke des Ego in der linken Gehirnhälfte gemeint ist und »durchgefallene« Gedanken nicht als Bild in die rechte Gehirnhälfte des Ich durchzulassen.

Wie ein eindrucksvoller Türsteher vor einem exklusiven Lokal schaut der »Innere Saboteur« als mental-spiritueller Spiegel, ob ein Gedankenimpuls von der rechten Gehirnhälfte weiterverfolgt werden soll, um später von der Realität zur Wirklichkeit zu werden.

Der stereotype Beitrag des »Inneren Saboteurs« lautet immer:
»Ja, aber!«

Der logisch-analytisch denkende Mensch ist sich oft nicht vollständig sicher, er zweifelt, ist hilf- und orientierungslos. Dadurch geht der Impuls seines Gedankens nicht als bildhafte Imagination von der linken zur rechten Hemisphäre, sondern bleibt stehen.

Der abgeblockte Impuls geht dann von der linken Gehirnhälfte über das linke Kleinhirn, den Hippocampus und die Formatio reticularis links zum Zentralnervensystem, wo er in den Negativspeicher des Bauchhirns eingespeist wird. Dieser wird von der »dunklen Seite des Inneren Kindes« kontrolliert. Zwischen dem Ego und dem negativ polarisierten Unteren Selbst entsteht dadurch eine stark egoistische bzw. egozentrische Verbindung, die, negativ verstärkt, aus dem Bauch wieder in die linke Gehirnhälfte wirkt und dort zu Suchtmustern und anderen Selbstzerstörungsprogrammen führen kann.

Innere Saboteure

Das Untere Selbst bzw. Innere Kind ist nicht böse, aber es besitzt keine Intelligenz. Es kann nicht entscheiden. Deshalb übernimmt es sowohl Positiv- als auch Negativprogramme des Ego und reichert den aufgenommenen Impuls mit gleich gelagerten, in diesem Fall eben negativ polarisierten Resonanzdaten des Langzeitgedächtnisses im Bauchhirn an. Das so verstärkte Negativprogramm wird zum blockierenden Glaubenssatz.

Dieser kommt als verstärktes Selbstzerstörungspotenzial zurück ins linke Kleinhirn. Das geht außerordentlich schnell. Die Folge ist ein enorm verstärktes Ego-Denken.

Auch das Mittlere Selbst in Gestalt des Ego wird also negativ beeinflusst. Die Antwort auf das »Ja, aber« des »Inneren Saboteurs« muss deshalb ein sicheres, bestimmtes und bewusstes **»Aber ja!«** sein.

Die Urquelle wünscht sich, dass es Ihnen gut geht

Es ist der Wille der Urquelle, dass Sie reich sind und Geld haben. Denn dann kann diese sich besser durch Sie ausdrücken. Sie kann sich besser verwirklichen, wenn Ihnen ein uneingeschränktes Potenzial an Mitteln zum Leben zur Verfügung steht. Notwendig ist jedoch, dass Ihr individuelles Ziel den universalen Gegebenheiten entspricht.

Es ist deshalb absolut unnötig und schädlich, in Gedankenmuster von Grenzüberschreitungen, Selbstaufopferung, Helfersyndromen, Selbstzerstörung, Schuld, Sühne usw. zu verfallen.

Die Urquelle will, dass Sie im Innen wie im Außen das für Sie Optimale verwirklichen. Konkurrenz und Wettbewerb schaden dabei nur.

Sie können Ihr Ziel erreichen, ohne dabei jemandem etwas wegzunehmen, zu manipulieren, zu betrügen, neidisch zu sein oder sich vorzustellen, die vorhandenen Möglichkeiten seien begrenzt.

Übung

Sie können jedem Menschen in jedem Moment und in jeder Hinsicht Dinge mit einem hohen individuellen Nutzwert, aber einem vergleichsweise geringen Geldwert zukommen lassen. Dann haben Sie das außergewöhnlich wichtige Geistige Gesetz der Harmonie berücksichtigt: Geben und Nehmen müssen immer im subjektiven Einklang, aber nicht in beiderseitigem Gleichklang sein.

Wenn Sie Großes erreichen wollen, müssen Sie groß denken – auch Gott gegenüber. Es ist eine Freude des Vaters, seinen Kindern das Himmelreich zu geben.
Die Urquelle spiegelt sich im Außen und damit auch in Ihnen. Sie will, dass Sie glücklich, erfolgreich und gesund sind und in der Fülle leben. Sie brauchen deshalb auch um materielle Dinge nicht zu bitten, denn sie stehen Ihnen zu.

>>*Es ist Gott, der in euch wirkt,*
in euch will und in euch tut.<<

(Philipper 2, 13)

Der Weltengeist will sich in Ihnen ausdrücken. Ihre Aufgabe besteht darin, sich auf das zu konzentrieren, was Sie wollen – beispielsweise, zu Geld zu kommen, und es der Urquelle gegen-über auch entsprechend zum Ausdruck zu bringen.

Nicht Armut, Schmerz und Leid, Selbstaufopferung und Selbst-zerstörung sind Gott wohlgefällig, sondern Fülle, Reichtum, Glück, Erfolg, Harmonie und anhaltende Gesundheit.

Die bewusste Eigenprogrammierung

Das Ziel der Eigenprogrammierung ist ein wünschenswertes Emotions- oder Erlebnisprogramm. Dazu beeinflussen Sie Ihr Unterbewusstsein (Unteres Selbst) mithilfe von lebensbejahen-den Affirmationen, individuellen Zielvorstellungen und Wün-schen zur Weitergabe an das Überbewusstsein (Hohes Selbst) mit der Bitte um Erfüllung.

Übung

Stellen Sie sich in Ihrem Unterbewusstsein einen Behälter vor, den Sie im Laufe der Jahre durch Ihre Negativprogram-me immer nur mit schwarzen Kugeln gefüllt haben. Durch Ihr neu entwickeltes positives Denken beginnen Sie nun, den Be-hälter langsam und bewusst mit weißen Kugeln zu füllen. Wenn Sie ab jetzt wesentlich mehr weiße als schwarze Kugeln in die-sen Behälter geben, hat das heute – aufgrund der hohen Zahl schwarzer Kugeln – wahrscheinlich noch keine Auswirkungen, morgen auch nicht und in einer Woche ebenfalls kaum. Eine Lebensumstellung ist erst dann gelungen, wenn sich in Ihrem Gefäß wesentlich mehr weiße Kugeln befinden als schwarze. Auf diese Weise werden Sie sich mit der Zeit der Kraft Ihrer (positiven) Gedanken bewusst.

Bevor Sie einen bestimmten Wunsch zur Verwirklichung weitergeben können, müssen Sie diesen zuerst einmal visualisieren. Sie brauchen also ein klares, positives, eindeutiges, gegenwartsbezogenes und wertfreies geistiges Bild Ihres Wunsches als positive Vorstellung des bereits erreichten Zieles. Es muss Ihnen absolut klar sein, was Sie wollen. Unterlegen Sie dann dieses Bild mit den entsprechenden positiven Sinneswahrnehmungen, Emotionen und Gefühlen. Tun Sie so, als wäre Ihr Wunsch bereits erfüllt (positive Finalvorstellung).

Geistige Faulheit und mentale Bequemlichkeit sind fehl am Platz, Aktivität ist gefragt. Hinter Ihrer klaren Vision muss das Ziel stehen, diese auch zu verwirklichen und in eine greifbare Form zu bringen.

Der uneingeschränkte **Glaube** an die Erfüllung Ihres Wunsches in Form einer positiven Finalvorstellung sollte Sie im Denken und im Fühlen vollständig durchdringen. Das gewünschte Objekt muss Ihnen bereits »greifbar« gehören. Dann brauchen Sie es nur noch grobstofflich in Besitz zu nehmen und physisch-materiell zu benutzen.

> *»Worum immer du bitten wirst,*
> *glaube nur, dass du es empfangen hast,*
> *und es wird dir zuteil werden.«*
>
> (Markus 11, 24)

Ihre Aufgabe als kreativer, göttlicher Co-Schöpfer besteht darin, in Ihrem Bewusstsein die Dinge als Gedankenimpulse eindeutig und klar festzulegen, die Ihnen ein erfülltes Leben ermöglichen.

Sie brauchen dies nicht laufend zu wiederholen, sondern müssen es als eindeutiges **Ziel** definieren in dem unerschütterlichen Glauben, dass das für Sie und das große Ganze Beste geschehen wird.

Haben Sie immer das Bild vor Ihrem »inneren Auge«,

- wie Sie zu Geld kommen,
- dass Sie genügend Geld haben,
- wie Sie sich dabei fühlen, genügend Geld zu haben.

Nehmen Sie diesen Eindruck dankbar als Normalzustand an, und erfahren Sie ihn entsprechend.
Vergessen Sie nicht: Es steht Ihnen zu, genügend Geld zu haben!

Glaube schafft Wirklichkeit

Glaube entsteht aus der harmonischen Zusammenführung von Denken und Fühlen. Er ist das uneingeschränkte innere Erfülltsein von einer Vorstellung, deren Realisierung als auf allen Bewusstseinsebenen bestehend angesehen wird. Ein sicheres Wissen, ein inneres Erkennen der Wahrheit als Wirklichkeit, das keiner äußeren Beweise bedarf, zeichnet ihn aus. Das Gegenteil von Glaube sind Unsicherheit und Zweifel. Doch wer nicht glaubt, glaubt auch an etwas – nämlich daran, dass er nicht glaubt, und erschafft damit gemäß dem Geistigen Gesetz der Resonanz energetische Negativpotenziale.

Positiver und damit heilender Glaube ist nur auf das innere Sein, auf das Hohe Selbst und auf Gott gerichtet und konzentriert sich ganz auf den bestmöglichen Zustand zum idealen Zeitpunkt, um im Einklang mit der universalen Ordnung zu leben.

»Alles ist möglich dem, der da glaubt.«

(Markus 9, 23)

Es gibt bestimmte Dinge, Situationen, Ereignisse und gewisse Eigenheiten von Personen im Außen, die im Moment nicht zu ändern sind. Sie sind so, wie sie sind. Reiben Sie sich nicht an ihnen auf. Die Auseinandersetzung damit kostet nur Kraft und Zeit.

Was Sie jedoch in jedem Moment und in jeder Hinsicht ändern können, ist Ihre Einstellung dazu.

Ein Beispiel: Zielte und schoss beispielsweise jemand vor langer Zeit auf Sie, als Sie Pfeil und Bogen noch nicht kannten, und traf er, so bereitete Ihnen das Schmerzen. Sie machten eine negative Erfahrung. Wiederholte sich dieser Vorgang kurze Zeit später – dieselbe Person traf wieder die gleichen Vorbereitungen wie vorher, legte an, zielte und schoss –, so kannten Sie diese Situation bereits aus Ihrer vorherigen Erfahrung. Wollten Sie die gleiche (schmerzhafte oder leidvolle) Erfahrung nochmals machen, blieben Sie stehen. Reichte Ihnen aber die erste Erfahrung, trafen Sie eine bewusste, neue Entscheidung, traten einen Schritt zur Seite, und der Pfeil flog an Ihnen vorbei.

Durch Ihre Entscheidung, in der sich Ihr Lernverhalten ausdrückt, haben Sie Ihr Resonanzverhalten aktiv verändert, mit dem Ergebnis, dass Ihnen Schmerz und Leid beim zweiten Mal erspart bleiben.

Irgendwo in einem Tempel gab es einen Saal der tausend Spiegel. Eines Tages verirrte sich ein Hund in diesen Tempel und gelangte in den Saal. Konfrontiert mit tausend Spiegelbildern, knurrte und bellte er seine vermeintlichen Gegner an. Diese zeigten ihm ebenso die Zähne und bellten zurück, woraufhin er noch wütender reagierte. Dies führte schließlich zu einer solchen Überanstrengung, dass er daran starb.

Die Zeit verging, und irgendwann kam ein anderer Hund in den gleichen Saal. Auch dieser Hund sah sich tausendfach umgeben von seinesgleichen. Da wedelte er mit dem Schwanz, und tausend Hunde freuten sich mit ihm. Froh und ermutigt verließ er den Tempel.

Der unerschütterliche Glaube daran, das Erbetene bereits zu haben, ist Ihre größte positive Macht.

Für einen Optimisten ist jede Schwierigkeit eine Möglichkeit, für einen Pessimisten ist jede Möglichkeit eine Schwierigkeit.

Sie kommen zu Geld, wenn jeder Tag erfolgreich ist. Dass dies so ist, bestimmen Sie weitestgehend selbst durch Ihr eigenes Glauben, Denken, Fühlen und Tun. Handeln Sie deshalb immer bewusst im Hier und Jetzt.

Machen Sie nur eine Sache auf einmal, die aber richtig – mit allen Ihren Möglichkeiten und Fähigkeiten. Und: Tun Sie diese gern. Dann wird jede Handlung zu einem Erfolg.

Ihr Bewusstsein, die Qualität Ihrer Gedanken und Gefühle, damit der Glaube an Ihren Erfolg geht in Resonanz mit den im Null-punktfeld gespeicherten Impulsen und Informationen, bildet aus deren Schwingungen entsprechende Energiefelder, die sich dann zu dreidimensionalen Formen grobstofflich verdichten.

Nur, wenn Sie tun, was Sie wirklich wollen, leben Sie. Das, was Sie tun, sollte Ihnen Freude machen. Dann wird es immer von Erfolg gekrönt sein.

Erlauben Sie sich, das Folgende zu denken und zu fühlen und somit aus vollem Herzen zu glauben:

Geld kommt zu mir!
Ich verdiene das!
Es steht mir zu!

Die schöpferische Macht Ihrer Gedanken wird also als Ergebnis von positiven Zielvorstellungen zuerst zu Energie und dann zu stofflicher Wirklichkeit und materiell·physischer Realität. Dies geschieht auch in Form von Geld als stofflicher Substanz und verdichtetem Ausdruck Ihrer entsprechenden Gedanken als kreativer, göttlicher Co·Schöpfer und Spiegelbild der Urquelle.

Fülle annehmen – Freude abgeben

Was **Fülle** ist, bestimmen Sie mit Ihrem freien Willen und der Macht Ihrer eigenen Gedanken selbst.

Übung

Stellen Sie sich vor, Sie hätten Geld in Hülle und Fülle. Jedenfalls so viel, dass Sie sich Ihr Traumhaus mit allen Schikanen in einer idealen Gegend bauen können. Seien Sie Ihr eigener Architekt und Designer. Richten Sie jeden Raum in dem Luxus ein, den Sie sich selbst zugestehen und den Sie gern haben möchten. Lassen Sie Ihrer Fantasie freien Lauf. Grundsätzlich gilt: Alles, was Sie sich vorstellen können, kann auch Wirklichkeit werden.

Übung

Ersetzen Sie negative durch positive Ansätze, denn: Negatives zieht Negatives an, Positives Positives. Erwarten Sie immer nur das Beste! Vergegenwärtigen Sie sich ständig, wie schön es ist, wenn Sie Ihr Ziel erreicht haben. Belohnen Sie sich angemessen, wenn Sie es verdient haben. Mit einer Tüte Eis für Ihr Inneres Kind sind Sie immer auf der sicheren Seite.

Setzen Sie sich Etappenziele: Jeder Schritt ist ein Erfolg. Die Freude über diesen Teilerfolg lässt Sie mit noch besserer Motivation das große Ziel ansteuern.

Nur Ihre Gedankengänge entscheiden, ob Sie genug Geld haben! Sind Sie sich das wert? Steht es Ihnen zu? Nach Meinung des Universums ist die Antwort Ja! Gemäß Ihren Gedanken und persönlichen Glaubenssätzen aber lautet die Antwort wohl Nein – sonst hätten Sie ja genug.

Zum Normalfall der Fülle gehört im stofflichen Ausdruck auch und ganz besonders der finanzielle Wohlstand. Diesen Umstand müssen Sie uneingeschränkt annehmen und zu Ihrer eigenen Wahrheit machen, ohne ein schlechtes Gewissen zu haben.

Sie müssen Wohlstand und Geld auch erlauben, sich bei Ihnen einzustellen, bei Ihnen »einzuziehen«. Sonst suchen die sich jemand anderen, bei dem sie willkommen sind.

Mit dieser neuen Grundeinstellung, die Sie gedanklich allmählich immer mehr verfestigen, wird sich Ihr Leben in Bezug auf Geld langsam in Richtung Wohlstand verändern. Kleine Rückschläge werden schnell, vor allem mental, ausgeglichen.

Idealerweise führt diese Vorgehensweise zu wachsender Eigenliebe, einem gesteigerten Selbstwert, zu unbegrenztem Vertrauen und schließlich zu grenzenloser Liebe.

Freude ist das beste Heilmittel gegen Druck, Stress, Schuld und Angstprogramme jeglicher Art sowie gegen Negativpotenziale. Seien Sie deshalb dankbar für alles, was ist, was Freude in Ihr Leben bringt. Leben Sie achtsam und bewusst im Hier und Jetzt, und segnen Sie die Gegenwart.

Mangel an Dankbarkeit führt zu Armut

Ein Mangel an Dankbarkeit ist eine wichtige Ursache von Armut. Sie wertschätzen nicht die praktisch feststellbare **Liebe** der Urquelle als Ausdruck im Stoff und in Form von Energie.

Die Kristallbilder des kürzlich verstorbenen japanischen Wissenschaftlers **Masaru Emoto** zeigen, dass Dankbarkeit neben Liebe die harmonischste und schönste Verdichtung im Stoff darstellt.

Verbinden Sie sich über Ihr Hohes Selbst und Ihr individuelles kosmisches Bewusstsein mit dem universalen Bewusstsein des Nullpunktfeldes. Glauben Sie, dass Sie es verdienen, es Ihnen zusteht, aus diesem Quantenfeld alles zu erhalten, was Sie sich wünschen. Ein Gefühl tiefer Dankbarkeit verbindet Sie danach mit dieser Urquelle.

Techniken aus dem hawaiianischen Huna-Gedankengut

Die Umpolung von Negativpotenzialen – Ho Olilo Mana'o

Zur bewussten Umpolung von Negativpotenzialen gibt es verschiedene einfache, aber sehr wirkungsvolle Methoden.

Stellen Sie sich drei große alte **Schultafeln** vor, eine schwarze, eine hellgraue und eine weiße.

Auf die erste, schwarze Tafel schreiben Sie das Ausgangsthema und entscheiden sich bestimmt für dessen Umpolung. Löschen Sie mit allen Sinnen bewusst das alte Muster auf der Tafel, z. B. »Geldmangel«.

Stellen Sie sich danach vor, dass Sie auf der zweiten Tafel bewusst mit allen Sinnen 23 grüne Andreaskreuze aufmalen. Zählen Sie dabei von 23 zurück bis 1, und akzeptieren Sie die stattfindende Umpolung von Minus auf Plus.

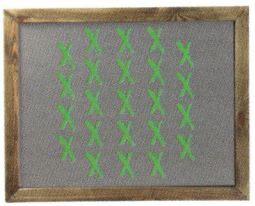

Schreiben Sie mit klaren, fröhlichen Farben bewusst mit allen Sinnen das neue Muster auf die weiße Tafel, z. B. »Wohlstand«.

Visualisieren Sie die erfolgte Umpolung.

Prägen Sie sich die alte Situation in Bildern ein, und empfinden Sie sie mit all Ihren Sinnen möglichst echt.

Danach **zählen** Sie, langsam und bewusst – möglichst laut –, rückwärts von 23 bis 0.

Visualisieren Sie jetzt eine große, weiße Leinwand, und malen Sie darauf langsam und bewusst 23 grüne Andreaskreuze.

Danach zählen Sie wieder, möglichst laut, langsam und bewusst, rückwärts von 23 bis 0. Jetzt prägen Sie sich in Bildern die neue, erwünschte Situation als positive Zielvorstellung ein. Empfinden und erfahren Sie sie wieder mit all Ihren Sinnen möglichst realitätsnah.

Danach zählen Sie wieder, möglichst laut, langsam und bewusst, rückwärts von 23 bis 1. Zur Kontrolle fragen Sie nach einiger Zeit Ihr Inneres Kind, welche Situation jetzt in Bildern gespeichert ist. Sollte es noch die alte sein, müssen Sie die Methode so lange wiederholen, bis die neue Situation gespeichert ist.

Stellen Sie sich eine weiße Dialeinwand vor und sich selbst davor, auf einem Sessel sitzend.

Auf der Leinwand erscheint das Bild Ihrer Angst. Visualisieren Sie, wovor Sie Angst haben.

Sie sagen zu Ihrem Inneren Kind: »Schau hin, das kennen wir.«

Drücken Sie den Knopf des **Diaprojektors**. Jetzt erscheint ein hellgraues Bild mit 23 grünen Andreaskreuzen.

Zu Ihrem Inneren Kind sagen Sie: »Schau, ... (Name des Inneren Kindes), mit diesem Zeichen löschen wir jetzt die erste Datei. Wir polen um, bitte pole du jetzt auch um.«

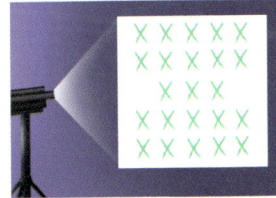

Drücken Sie wieder den Knopf, und es erscheint ein neues Bild mit dem Inhalt, der jetzt gespeichert werden soll, z. B. Vertrauen, Freude oder Reichtum. Erklären Sie dem Inneren Kind das Bild, und bitten Sie es darum, dieses Bild und Gefühl jetzt zu speichern und damit die alte Datei zu überspielen.

Dem Inneren Kind sagen Sie: »Schau, ... (Name), das ist jetzt unser neues Programm. Lösche bitte das erste Bild, und speichere das Bild, das du jetzt siehst. Es wird dir dann viel besser gehen, und du hast in Zukunft viel weniger Arbeit. Danke, liebe/-r ... (Name).«

»Bitte, bitte, bitte!«

Stellen Sie sich z. B. »Armut« in bewegten Bildern als **Video** vor, beispielsweise eines, in dem Sie vor andere treten mit einem Schild um den Hals, auf dem »Mir steht es nicht zu!« steht. Spüren Sie die Traurigkeit, die Niedergeschlagenheit! Spüren Sie, wie andere das Leben genießen! Spüren Sie, wie Sie von der Fülle ausgeschlossen sind!

Sagen Sie zu Ihrem Inneren Kind: »Schau hin! Das kennen wir! Wir ändern das jetzt!«, und schalten Sie auf einen anderen Kanal um!

Sehen Sie, wie sich 23 grüne, bewegte Andreaskreuze bilden! Mit diesem Symbol löschen Sie die erste Datei. Sagen Sie zu Ihrem Inneren Kind: »Wir polen jetzt gemeinsam um!«

Stellen Sie sich die neue Situation vor, in der Sie z. B. genug Geld haben. Sehen Sie sich rufen: »Ich nehme alles an, wie es ist«, »Es steht mir zu!« Nehmen Sie voll Freude und Dankbarkeit den Wohlstand an! Spüren Sie, wie Sie sich alles leisten können! Spüren Sie, wie Sie an der Fülle teilhaben können!

Sprechen Sie laut: »Das ist jetzt unser neues Programm. Lösche das alte, und lasse es los! Speichere das neue Programm, das du jetzt hier siehst. Danke, danke, danke!«

Das **intuitive Malen** stellt vielleicht die effizienteste Methode der Löschung von Negativprogrammen im Glauben, Denken und Fühlen dar, weil dabei das Innere Kind direkt angesprochen und zur Mitarbeit angeregt wird.

Nehmen Sie eine große weiße Pappe oder Leinwand und Farben, z. B. Gouachefarben oder Wachsmalstifte. Nun malen Sie intuitiv ein Bild des Ursprungsprogramms, z. B. von Armut. Sie können auch Wörter hineinschreiben. Keine Sorge, das Bild soll kein Meisterwerk werden, sondern ein gefühlsmäßiger Ausdruck Ihres Programms.

Streichen Sie das Bild Ihres Ursprungsprogramms mit einem roten Kreuz komplett durch. Übermalen Sie es mit weißer Farbe, sodass es ganz überdeckt ist.

Zeichnen Sie nun mit grüner Farbe 23 Andreaskreuze auf Ihren Bildträger.

Auch diese übermalen Sie jetzt vollständig mit weißer Farbe.

Jetzt haben Sie das Störpotenzial aus Ihrem Zellgedächtnis in die stoffliche Realität gebracht und dort überzeugend gelöscht. Dadurch haben Sie es auch informatorisch und energetisch überschrieben. Malen Sie nun in fröhlichen Farben ein Bild des neuen Programms, das das alte ersetzen soll, also z. B. von Fülle und Reichtum.

Das mühelose Erreichen materiellen Wohlstands – Holopono

Das eigentliche Geheimnis von innerem und äußerem Reichtum liegt im Annehmen des reichen Flusses hin zum Zustand des »Überflusses« in geistiger, energetischer und auch materieller Hinsicht.
Leben wird nicht als permanenter Überlebenskampf gegen alles und jeden angesehen, sondern als müheloses, spielerisches Dasein, in dem vor allem positive Lernerfahrungen gemacht werden.

Nehmen Sie uneingeschränkt das Geistige Gesetz der Fülle an, lassen Sie das »freie Fließen« harmonisch zu, passen Sie sich an, geben und nehmen Sie im individuell »stimmigen« Einklang. Dies gelingt umso besser, je flexibler Sie denken, fühlen, glauben und handeln. Vermeiden Sie dabei eine unrealistische persönliche Erwartungshaltung sowie eine übertriebene und damit einengende subjektive Wertung.

Übung

Hierbei helfen die folgenden Affirmationen:

- Ich befinde mich im absoluten Einklang mit der kosmischen Fülle.
- Ich bin eins mit der kosmischen Fülle.
- Ich habe Glück und Erfolg verdient.
- Ich bin es wert, erfolgreich und glücklich zu sein.
- Glück und Erfolg stehen mir zu.
- Es steht mir zu, immer genug Geld zu haben.

Aus Sicht der universalen Ordnung stellt Fülle den Normalfall dar, nicht der Mangel. Fülle und seine ausdrückliche Annahme mit dem eigenen freien Willen und den persönlichen Gedanken führt zu einem permanenten Fluss an Reichtum, Wohlstand, Erfolg und Geld. Denken Sie immer daran: Fülle entsteht durch das Wirken eines Geistigen Gesetzes, Mangel nicht.

Sie sind, was Sie denken.

Am Beginn des Prozesses der bewussten positiven Neuprogrammierung von vergangenen, einschränkenden Glaubenssätzen, Gedankenprogrammen und Gefühlsmustern steht zum einen das Bearbeiten behindernder **Erinnerungen.**

»Liebet eure Feinde.«

(Matthäus 5, 44)

Feinde sind dabei keine leiblichen Gegner, sondern Erinnerungen, die – möglicherweise bereits über längere Zeit hinweg – in den verschiedenen Auraebenen und im Langzeitgedächtnis der physisch-grobstofflichen Körperzellen gespeichert sind und den Menschen davon abhalten, beispielsweise im heutigen Leben erfolgreich zu sein.
Durch ihre Programmierung, Information, Energie und Speicherung im Zellgedächtnis hindern Negativpotenziale den einzelnen Menschen daran, sein neues Programm (z. B. Erfolg) anzunehmen, anzuwenden, zu realisieren und zu leben.

Durch eine neue, positive Programmierung werden nunmehr derartige »Feinde«, also Erinnerungen gelöscht, die zu negativen Situationen in diesem Leben geführt haben.

Übung

Sagen Sie 4 Mal »Bitte« als Einstimmung.
»Ich habe eine Schwierigkeit.
Diese ist: ... (z. B. ›Ich bin erfolglos in meinem Beruf‹ oder ›Ich habe zu wenig Geld‹).
Ich weiß, dass diesem Sachverhalt ein Programm zugrunde liegt, das ich in jedem Moment (Zeit) und in jeder Hinsicht (Raum) ändern kann.
Dies tue ich als freie Willensentscheidung – jetzt.
Ich will, dass diese Schwierigkeit verschwindet.
Jetzt! In diesem Augenblick.
Mein neues Programm ist: ... (z. B. ›Ich bin erfolgreich‹ oder ›Ich habe immer genug Geld‹).
Erfolg steht mir zu.
Ich nehme ihn dankbar an.
Jetzt! In diesem Augenblick.«
Sagen Sie 4 Mal »Danke« als Abschluss.

Ziel des »neuen Denkens« ist die bewusste Teilhabe des einzelnen Menschen am ganzheitlichen Fluss des Lebens im absoluten Vertrauen auf die liebende Urquelle und im Einklang mit der universalen Ordnung im mühelosen Streben und Verwirklichen nach und von Gesundheit, Harmonie, Glück, Erfolg, Fülle,

Reichtum und Frieden.[14] Hierzu gehört auch und vor allem die persönliche innere Unabhängigkeit von tief sitzenden negativen Erinnerungen.

Die Sehnsucht nach Geld, Erfolg und Anerkennung ist ein sehr tiefes Bedürfnis jedes Menschen. Um Erfolg gezielt durch eigene Gedanken- und Gefühlsmuster sowie über die Erarbeitung einer klaren Zielsetzung herbeiführen zu können, sind verschiedene Schritte erforderlich. Auf dem Weg müssen persönliche Einstellungen gelöscht werden, die zu Schmerz, Leid, Versagen und Krankheit führen bzw. bereits geführt haben. Das neue Programm bezieht sich sowohl auf einen festgelegten Zeitraum als auch auf eine bestimmte Situation, auf eine einzelne Person genauso wie auf eine ganze Gemeinschaft. Es führt dazu, dass sich alles sanft im stetigen Fluss und in vollständiger Harmonie mit dem großen Ganzen positiv entwickelt. Dies schließt eine mühelose Beteiligung am kosmischen Überfluss gemäß dem Geistigen Gesetz der Fülle ein.

Schwingungen werden in Wellenformen weitergegeben. Wellen sind um eine Nulllinie herum angeordnete Wellenberge und Wellentäler, ausgeglichen und harmonisch. Weiß ich das, wehre ich mich nicht gegen den Abschwung, sondern denke auch in negativen Zeiten positiv und bewege mich in Gedanken nach oben. Irgendwann dreht sich der Abschwung um, und der Aufschwung verstärkt sich durch mein positives Denken.
Setze ich dem Abschwung jedoch Widerstand entgegen, verbrauche ich viel Energie, ohne etwas ändern zu können.

---

14 Ausführlicher u. a. bei: Stelzl, Diethard: Im Einklang mit der universalen Ordnung. Via Nova: Petersberg 2007.

Stillstand ist die Abwesenheit von Leben, er bringt Starre und Widerstand. Deshalb ist er die eigentliche Ursache von Schmerz und Leid auf den verschiedenen Ebenen. »Im Fluss der Bewegung findet sich der optimale Weg« ist die wichtigste Maxime. Setzen Sie sich zum Ziel, immer in Bewegung zu bleiben – körperlich, mental, emotional oder spirituell.

Optimum heißt:

• ein bestimmtes Ziel unter minimalem Einsatz von Energie erreichen
• mit dem Einsatz eines festen Energiepotenzials möglichst weit in Richtung Ziel kommen

Den Weg zu beschreiten, heißt, Herausforderungen erst anzuschauen und zu akzeptieren, anstatt sie vom ersten Moment an zu bekämpfen, sich Problemen zu stellen, ohne dabei den Emotionen – wie Angst, Wut oder Zorn – nachzugeben. Dies würde entweder zu Kampf und Widerstand führen oder zu Starre und Resignation bis hin zur Selbstaufgabe. Bitten Sie stattdessen um göttliche Heilung und Hilfe, und begeben Sie sich zurück in den Fluss des Lebens.

Haben Sie den Mut zu Ihrem persönlichen Weg!

»Immer locker bleiben« – Holo Holo

Holo Holo ist auf den hawaiianischen Inseln bereits seit langer Zeit bekannt. Allgemein bedeutet es, sich bewegen, fließen wie Wasser – »go with the flow« bzw. im allgemeinen Sprachgebrauch »hang loose«.

In der traditionellen Lehre beschreibt die Einstellung des Holo Holo:

- das Zuhausesein in verschiedenen Welten
- eine freie Bewegung zwischen den Dimensionen
- die Verbindung zwischen der äußeren Welt (Ao) und der inneren Welt (Po), um zu innerem Frieden und einem erfüllten Leben zu finden
- ohne einschränkende Erwartungen und subjektive Wertungen achtsam und bewusst das Leben in positiver Neugier annehmen
- das uneingeschränkte Vertrauen haben, sich alles entwickeln zu lassen
- in jedem Moment und in jeder Hinsicht immer nur die beste Lösung erwarten, wie sich diese auch zeigen möchte

Eine ausschließlich liebende Urquelle im Zentrum des eigenen Herzens kann auch in der Spiegelung des Außen immer nur das für mich Beste wollen. Sich diese Ansicht zu eigen zu machen und sie im Alltag zu leben, bringt **Freude statt Stress.**

Geht es Ihnen einmal schlecht im Leben, sagen Sie häufig, vielleicht 30 oder 50 Mal hintereinander, laut »Holo Holo« (ausgesprochen wie der O-Laut in »Frau Holle«), und machen Sie dabei mit beiden Händen das Holo-Holo-Zeichen – abgespreizte Daumen und kleine Finger –, dann können Sie nur noch lachen. Versuchen Sie es einmal. Es funktioniert!

Holo Holo ist eine hawaiianische Lockerungsmethode, die im Einklang steht mit weiteren traditionellen Reinigungs-, Umpolungs- und Heilungspraktiken aus dem Huna-Gedankengut. Dabei ist Holo Holo jedoch mehr als eine Methode, Holo Holo ist eine **Lebensphilosophie.** Auf der Grundlage von Leichtigkeit, Lockerheit und Fröhlichkeit steht im Mittelpunkt von Holo Holo pure Lebensfreude, die zu innerem Frieden, äußerer und innerer Harmonie, zu mehr Selbstwert, Vertrauen, Eigenliebe und allumfassender Liebe zu allem Sein führt. Mit dieser positiven Lebenseinstellung ist es einfacher, in jedem Augenblick und in jeder Hinsicht achtsam und bewusst im grenzenlosen Vertrauen und in der Liebe zu sein.

Ich sage uneingeschränkt Ja zum Leben.
Mein Leben ist schön.

Genießen Sie jeden Augenblick in Ihrem Leben, seien Sie voller Dankbarkeit für die zahlreichen wertvollen Geschenke, die das Universum, die Erde und die Natur für Sie bereithalten. Oftmals sind es die kleinen Dinge, die viel Freude bringen, nicht die großen. Lernen Sie, diese zu schätzen, und genießen Sie die positive Energie, die daraus entsteht.
Lernen Sie, zu leben und nicht nur zu reagieren, zu funktionieren und zu existieren.

Negative Erlebnisse gehören dazu. Sie stellen gemäß dem Geistigen Gesetz der Polarität wichtige Lernerfahrungen in der Spiegelung der Gegensätzlichkeit dar.
Sehen Sie alle Erfahrungen, auch die vermeintlich negativen, unter diesem Aspekt, und lernen Sie, ihre Bedeutung für Ihr Leben wertzuschätzen.

Stress und Druck abbauen

Neben einer ungesunden Ernährung und einem Mangel an sinnvoller Bewegung ist heutzutage **Stress** die größte Belastung für die menschliche Gesundheit.
Druckprogramme entstehen nach althawaiianischer Auffassung größtenteils aus Glaubenssätzen, Gedanken- und Gefühlsmustern, Ahnen- und Fremdprogrammen sowie aus Umfelderfahrungen in der Kindheit und aus negativen **Erinnerungen** aus der Vergangenheit. Sie sind vor allem im Bauchhirn sowie im Hinterkopf, dem Langzeitgedächtnis, gespeichert.
Stress (engl. »Druck, Anspannung«, haw.: Hoʻokahomi) kann als die »Pest der Neuzeit« bezeichnet werden, denn er ist die Ursache der meisten schweren Krankheiten. Er wird durch bestimmte äußere Faktoren, sogenannte Stressoren ausgelöst, die zu physischen, psychischen und mentalen Reaktionen führen, deren Bearbeitung oftmals besondere Belastungen zur Folge ha-

ben kann, beispielsweise **Ängste, Schuldkomplexe,** Festhalten, Starre, psychische Verletzungen und Ausgrenzungen.

Am besten kann man diese Negativpotenziale umwandeln und auflösen, indem man viel lobt und bewusst das positive Denken fördert.[15]

Angst führt zu Starre und Lähmung

Angst ist vielleicht das in der praktischen Auswirkung stärkste Negativpotenzial. Es kann bis zur absoluten Starre und Lähmung führen. Die größte Belastung geht dabei meist nicht von der Angst als solcher aus, sondern vielmehr von der **»Angst vor der Angst«.**
Die häufigsten Ängste sind solche:

• vor Annahme der eigenen Göttlichkeit
• nicht ins Licht zu kommen
• ungeliebt, ausgegrenzt, alleingelassen zu sein
• Fehler zu machen, zu versagen
• vor Enge und/oder Dunkelheit
• vor Veränderung
• vor Verlust und verlassen zu werden
• vor Verletzung und Schmerzen
• vor dem Tod, vor dem Leben, vor Krankheit
• vor materiellen, finanziellen, beruflichen Existenzproblemen
• vor Schuld
• vor Armut
• vor emotionalen Schwierigkeiten, disharmonischen Beziehungen und Partnerschaften

---

15 Hierbei helfen auch meine Meditations-CDs »Ich liebe mich«, »Ich bin einmalig« u. A. (www.huna-seminare.at).

- vor bestimmten Tieren
- vor Katastrophen und Kriegen
- vor Not und Entbehrung
- vor der Technik
- vor Schmutz

Ängste als Gefühle des Bauchhirns sitzen vor allem in der Blase. Es ist im Leben notwendig, die Verantwortung für die eigenen Ängste zu übernehmen. Sie sind der kreative Co-Schöpfer Ihrer Wirklichkeit, also auch Ihrer Ängste – und dies vielleicht sogar bereits seit einiger Zeit, also seit vielen Leben.
Sie allein sind für Ihre Ängste verantwortlich. Sie haben sie erschaffen.

Mit der hawaiianischen Technik **Oli Oli** können Sie Angst durch Freude ersetzen. Der wichtigste Schritt ist dabei, die Angst anzunehmen, sie sich bewusst zu machen und die mit ihr verbundene Lernerfahrung zu erkennen. Am Anfang steht die Feststellung: »Ja, ich habe Angst und stehe dazu.«

Übung

Um die »Angst vor der Angst« zu verlieren, ist es sinnvoll, dieser einen Namen zu geben. Auf diese Weise können Sie in eine direkte Kommunikation mit diesem negativen Energiepotenzial treten – und vielleicht mit in ihm verdichteten eigenständigen Wesenheiten, z. B. dem **»kleinen Hüter der Schwelle«.** Er stellt eine Konzentration aller Ihrer negativen Gefühle aus diesem Leben dar. Begegnen Sie diesen nun bewusst mit Achtung, Anerkennung, Verständnis, Güte, Wertschätzung und Liebe, dann wird die Angst allmählich schwächer, um vielleicht ganz zu verschwinden.

Da es sich bei Angst meist um ein gedanklich begründetes Gefühlsmuster handelt, können Sie auch die auf S. 89 ff. beschriebenen Methoden verwenden, um die gespeicherten Bilder bewusst umzupolen und emotional »umzuerleben«. Erfahrungen
der **Freude** und des **Glücks** ersetzen dann die belastenden alten
Muster der Angst.

Reinigung und Heilung mit Liebe – Ho'oponopono

Die Auflösung von Negativprogrammen durch die hawaiianische Methode **Ho'oponopono** (haw. »die äußere und innere Ordnung wiederherstellen«) besteht darin, die Dinge untereinander zu verbinden und dadurch den Kontakt mit der liebenden Urquelle **Akua** wiederherzustellen.

Das Ritual wird von alters her zur Auflösung von Störpotenzialen jeglicher Art im Kleinen und im Großen, im Oben und im Unten, im Innen und im Außen verwendet. Es beruht auf der Ansicht, dass wir in allem mit diesem Außen verbunden sind und uns jegliche Sinneswahrnehmung, die uns mit einem Ereignis in der Welt in Verbindung bringt, dessen Resonanz mit einem Frequenzbereich in unserem eigenen Inneren aufzeigt. Übernehmen wir für den Sachverhalt an sich und unsere Beteiligung daran die uneingeschränkte Verantwortung, reinigen wir uns selbst und das Resonanzfeld durch Entschulden, Verzeihen, Vergeben und Selbstvergeben. Wir erkennen dadurch die eigene Göttlichkeit in uns selbst und allem Sein an und neutralisieren durch grenzenlose, göttliche Liebe das Störpotenzial im Innen und im Außen sowie das zugrunde liegende Thema.

Gehen wir mit einer Situation im Außen in Resonanz, so ist dies nur möglich, weil es irgendwo in unserem Zellgedächtnis eine Stelle gibt, wo gleichartige Informationen gespeichert sind, sozusagen »schwarze Flecken auf unserer weißen Weste«.

Einstimmung auf das Thema[16]

Die intensive Beschäftigung mit dem anstehenden Thema ist von fundamentaler Bedeutung. Benennen Sie es zunächst, z. B.: »Alles, was dem entgegensteht, zu Geld zu kommen, löse ich jetzt mit Ho'oponopono auf!«

Übung

Machen Sie sich zu Ihrem Thema Notizen. Schreiben Sie alles auf einen Zettel, was Ihnen dazu einfällt.

Anschließend geben Sie dem gesamten Sachverhalt intuitiv einen Namen. Dieses **Codewort** charakterisiert ab sofort das gesamte Thema. Es kann sowohl irgendein Personenname (Hugo, Friedolin ...) als auch ein künstlich erschaffener Name (Bella, Swimmi ...) sein.

Das Codewort hat den enormen Vorteil, dass Sie die Definition nur einmal vornehmen müssen. Wenn Sie das Codewort nennen, weiß Ihr Inneres Kind sofort, dass das gesamte Thema gemeint ist, mit dem Sie sich bereits ausführlich beschäftigt haben.

Sagen Sie anschließend folgenden Satz: »Ich bitte um Auflösung sämtlicher Störpotenziale auf allen Ebenen in jeder Hinsicht und in jedem Moment inklusive Karma und Ahnenprogrammen zum Thema ... (Codewort).«

Durch diese Formulierung haben Sie die physische, emotionale, mentale und spirituelle Ebene sowie das Karma (mindestens

---

16 Ausführlich u. a.: Duprée, Ulrich E.: Heile dich selbst, und heile die Welt. Schirner: Darmstadt 2015; Ho'oponopono. Ebd. 2013. Stelzl, Diethard: Ho'oponopono. Ebd. 2014.

90% aller Störpotenziale haben karmischen Ursprung) und Ahnenprogramme (diese Programme beeinflussen uns außergewöhnlich stark) integriert.

Auf diese Weise beschäftigen Sie sich mit dem Thema so weit wie möglich bereits im Vorfeld auf allen Ebenen und identifizieren sich mit ihm.

Praktische Durchführung des Rituals

Zur Vorbereitung auf das Ho'oponopono laden Sie sich durch Harmonie- oder Vollatmung energetisch auf, um danach jeden Satz des Rituals siebenmal laut oder leise mit starkem innerem Engagement auszusprechen:

Langversion
Sprechen Sie jeden Satz 7 Mal laut oder leise aus.

»Bitte, bitte, bitte, bitte.

Ich bin verantwortlich für (Codewort).

(Codewort) tut mir leid.

Ich entschuldige mich für (Codewort).
Ich bedanke mich dafür, dass du mir (Codewort) verzeihst.
Ich verzeihe dir auch (Codewort).
Ich bedanke mich dafür, dass du mir (Codewort) vergibst.
Ich vergebe dir/euch auch (Codewort).
Ich vergebe mir (Codewort).
Ego me absolvo.
Ich spreche mich frei von jeglicher Schuld an (Codewort).

Ich danke für mein Sein, (Codewort).
Ich danke für meine mit (Codewort) gemachten Erfahrungen.
Ich danke für die für mich und für uns beste Lösung für (Code-wort).

Ich liebe mich, (Codewort).
Ich liebe mich und dich/euch, (Codewort).
Ich liebe dich, Akua, Urquelle im Zentrum meines Herzens, und danke dir dafür, dass du alle mit (Codewort) verbundenen Negativpotenziale in mir jetzt mit Liebe heilst.

Ich lasse alles in mir noch zum Thema (Codewort) verbliebene Negative im Innen und im Außen endgültig los!

Heilung mit Liebe geschieht im Hier und Jetzt, (Codewort).

Amama – Es ist getan, (Codewort)!
Danke, danke, danke, danke!«

Kurzversion nach Dr. Hew Len

Sprechen Sie jeden Satz 7 Mal laut oder leise aus.

»(Codewort) tut mir leid.
Bitte vergib/vergebt mir (Codewort).
Ich danke dir/euch, (Codewort).
Ich liebe dich/euch, (Codewort).«

Kurzversion nach Dr. Diethard Stelzl

Sprechen Sie den folgenden Satz 7 Mal laut oder leise aus.

»Heilung mit Liebe geschieht im Hier und Jetzt, (Codewort).«

Beim Ho'oponopono ist es nicht unbedingt notwendig, dass Sie ganz genau wissen, worum es geht. Sie müssen das Störpotenzial nur irgendwie definieren in Form eines greifbaren »Ankers« und ein bewusstes Resonanzverhalten dazu entwickeln.
Ho'oponopono ist auf alles anwendbar, was man sich vorstellen kann – auch auf die Zukunft gerichtet.
Sie wollen z. B. gern viel Geld haben. Der Grund, warum Sie vielleicht nicht viel Geld haben, könnte sein, dass im Inneren, im Langzeitgedächtnis, etwas gespeichert ist, was Sie davon abhält, zu Geld zu kommen. Das kann ein Verbot, ein Fluch, eine Verwünschung usw. sein.
Jetzt können Sie ein Ho'oponopono bezogen auf die Zukunft in dieses Potenzial hineingeben – was auch immer es ist –, das Sie davon abhält, zu Geld zu kommen und immer genug davon zu haben, oder mit der Methode des Ho'pomaika arbeiten.

Wertschätzung der eigenen Kreationen – Ho'pomaika

Zunächst müssen Sie das individuelle Thema festlegen. Dazu stellen Sie fest, ob Sie Körperreaktionen wie Druck, Schmerz, Kälte, Starre, Enge ... empfinden. Spüren Sie diesem psychischen oder physischen **Unbehagen** nach: Wie, wo, wann taucht es auf? Was sagt es Ihnen? Mit welchem Negativprogramm gehen Sie in Resonanz? Was ist jetzt Ihr Thema?
Die folgende meditative Übung hilft Ihnen dabei.

Übung

Das Thema ist Ihnen in Gedanken, Gefühlen und Körperreaktionen deutlicher geworden. Machen Sie es sich nun ganz zu eigen. Konzentrieren Sie sich auf Thema und Körperreaktionen.

Tauchen Sie in Ihrer Vorstellung in die Körperstelle hinein, wo Sie das körperliche Unbehagen spüren. Meist liegt es im Nabelbereich. Sie drehen sich dabei spiralförmig rechtsdrehend mit dem Kopf voraus.
Bewegen Sie sich tiefer und tiefer wie in einen Tunnel hinein. Der Tunnel geht in einen Höhleneingang über. Sie empfinden dies mit allen ihren Sinnen: Sie sehen schemenhaft Steine und Felsen, Sie hören das Tropfen von Wasser, Sie riechen die modrige Luft, Sie spüren die rauen Felsformationen unter Ihren Händen, Sie empfinden die zunehmende Enge.
Der Eingang führt in eine von oben schwach erleuchtete Höhle. Darin befinden sich zahlreiche Behälter, Fässer, Luftballons, Eier oder was für Sie stimmig ist. Sie sind unterschiedlich groß, deformiert, dreckig, schmutzig oder schön geformt, bunt, in

freundlichen Formen und Farben. Sie stellen Symbole Ihrer positiven und negativen Erinnerungen dar, Ihrer Kreationen aus früheren Leben, als gebundene Information und verdichtete Energie, erfahrbar durch Ihren Körper.

Da Sie ein negatives Ausgangsthema hatten und körperliches Unbehagen gespürt haben, wenden Sie sich nunmehr intuitiv einem dunklen, großen, schmutzigen, formlosen Gegenstand in der Höhle zu. Dieser zieht Sie magisch an. Sie nehmen den Gegenstand in die Arme und drücken ihn fest an sich. Auch wenn es sich um eine negative Kreation handelt, die Sie in verschiedenen Leben mit demselben Thema erschaffen haben, drücken Sie dieser nun spürbar Ihre Wertschätzung, Anerkennung und Liebe aus. Leise sagen Sie zu dem Gegenstand in Ihren Armen: »Ich bin dein Schöpfer, ein universales Wesen, die Macht der göttlichen Urquelle. Ich habe dich erschaffen zum selben Thema in verschiedenen Leben. Die an das Thema gebundene Energie hat dich entstehen und wachsen lassen. Sie hat sich verdichtet und ein einheitliches Energiefeld gebildet. Dieses hat eine grobstoffliche Form angenommen und zeigt Auswirkungen von Starre, Schmerz, Leid, Angst, Schuld ... Die mit dir und dem Thema verbundene Lernaufgabe ist nunmehr abgeschlossen. Ich als dein Schöpfer ziehe jetzt die in deiner stofflichen Form gebundene und gespeicherte Energie wieder heraus.«

Stellen Sie sich dies möglichst konkret vor. Spüren Sie dabei den Energiestrom vom Gegenstand zu Ihnen selbst und an der mit dem Thema verbundenen Körperstelle ein Kribbeln, Wärme ... Durch den Verlust an Energie wird der Gegenstand kleiner und kleiner, bricht schließlich zusammen und löst sich in nichts auf. Der stofflich-materielle Aspekt des Themas verschwindet damit. Es ist vollständig aufgelöst und verschwunden. Lassen auch Sie es jetzt vollkommen los. Die über viele Leben in das Thema hineingeflossene Energie ist nunmehr wieder bei Ihnen.

Die Information besteht weiter als individuell und universal gespeicherte Lernerfahrung in Ihrem eigenen Langzeitgedächtnis sowie im universalen Nullpunktfeld.

Ihre Wertschätzung des Themas, Ihre Dankbarkeit für die positive Aufarbeitung sind als Zunahme von Energie und Eigenliebe zu empfinden. Das Negativpotenzial ist weg. Sie sollten jetzt auch körperlich zu diesem Thema nichts mehr spüren.

Ich bin die Macht und die Gegenwart
als kreativer, göttlicher Co-Schöpfer.

Zum Abschluss können Sie folgendes Ritual durchführen:

»Ich bin (Ihr Vorname).
Ich habe dies alles erschaffen.
Ich habe meine Aufmerksamkeit auf diese Kreation gerichtet
und damit meine Energie in sie hineinfließen lassen.
Ich kann alles in jedem Moment und in jeder Hinsicht ändern.
Das tue ich jetzt.
Ich hole die in meiner Kreation enthaltene Energie zurück.
Jetzt!
Ich fühle, wie die Energie zu mir zurückfließt.
Ich nehme sie dankbar an.
Ich gebe meine Wertschätzung in meine Kreation.
Diese hat mir eine Zeit lang sehr geholfen.
Jetzt gehe ich neue Wege.
Ich bin ein grenzenloses Wesen mit unerschöpflicher Energie
und unendlichem Bewusstsein.
Der bisherige Lernprozess ist abgeschlossen.«

Ich bin ein grenzenloses Wesen
mit unerschöpflicher Energie
und unendlichem Bewusstsein.

Ihr **Ich,** das die rechte, kreativ-schöpferische, subjektive und nach innen gerichtete Gehirnhälfte steuert, kreiert jetzt neue Muster im universalen Nullpunktfeld und füllt diese mit hoch schwingender Energie. Diese verdichtet sich zu dreidimensionalen Hologrammen als virtuelle Wirklichkeit.

Das Ich programmiert nun bewusst höherwertige Wirklichkeiten als kreativer, göttlicher Co-Schöpfer. Dabei erhält es Schutz, Führung und Unterstützung vom Hohen Selbst, der Steuerinstanz des spirituellen Überbewusstseins. Dadurch leben Sie von jetzt an Ihre eigene Göttlichkeit. Dies bekräftigen Sie laufend laut mit den folgenden Affirmationen und setzen diese auch im Alltag um.

- Ich bin uneingeschränkt in meiner Kraft.
- Ich tue nur, was mir Freude macht.
- Ich lebe in der Fülle.
- Ich liebe mein Leben.
- Ich lebe achtsam, bewusst und intensiv im Augenblick des Hier und Jetzt.
- Ich tue, was mich motiviert und inspiriert.
- Ich bin voller Vertrauen, Dankbarkeit, Lockerheit, Leichtigkeit, Freude, Frieden und Liebe.
- Ich mache alles richtig.
- Ich bin ewiges, vollkommenes, mit allem Sein verbundenes göttliches Bewusstsein.
- Meine Wertschätzung gilt mir und meiner Schöpfung.
- Aufgrund der Aktivität des Ich, geführt, unterstützt und beschützt durch das Hohe Selbst,
  - mache ich alles richtig,
  - lasse ich alles Belastende und Negative los,
  - lebe ich frei von Ängsten und Sorgen,
  - setze ich die richtigen Ziele in meinem Leben,

- gewinne ich aus allen Negativprogrammen die darin enthaltene Energie zurück,
- habe ich einen emotional und mental positiven Ausdruck von Wertschätzung auch in Form von Geld.

- Ich bin die Macht und die Gegenwart der göttlichen Urquelle.
- Ich bin ich: ein göttlicher Co-Schöpfer.
- Ich wertschätze ausdrücklich das Vorhandensein von Geld, auch bei mir, und nehme es dankbar als Geschenk des Universums an.
- Ich habe immer genug Geld.

Dank sagen und Dank entgegennehmen sind großartige Geschenke. Wertschätzung ist eine Anerkennung des Wertes der Schöpfung, und Geld ist einfach ein Symbol dafür.

Ich atme universale Fülle.
Ich bin ein grenzenloses Wesen.
Ich erweitere alle Ebenen meines Hologramms.

Einschränkende Muster beinhalten eine oder mehrere Überzeugungen, Erinnerungen und alte Programme. Diese sind alle erfunden und austauschbar. Aber sie haben Sie bisher eingeengt, belastet und Ihre wertvolle Energie gebunden. Endlich haben Sie sie aufgespürt, angenommen, bearbeitet, zum Kollabieren gebracht, ihre Energie zurückgenommen und sie gelöscht. Ihre uneingeschränkte Wertschätzung der Muster bleibt jedoch bestehen, ebenso wie die enthaltene Information.

Gebet zur Wunscherfüllung – Haipule

Das »Gebet zur Wunscherfüllung« stellte über Jahrtausende hinweg eine nur wenigen Eingeweihten bekannte, hervorragend funktionierende Methode der persönlichen Wunscherfüllung dar. Dabei ist jede individuelle Vorstellung möglich.

Nach Meinung der alten Hawaiianer erschaffen wir Menschen in jedem Moment unsere eigene Realität aus dem unsichtbaren Reich im Außen des noch nicht verdichteten Stoffes hin zur sichtbaren Welt der greifbaren, materiellen Realität. Beteiligt sind dabei immer alle drei Bewusstseinsebenen: Über-, Wach- und Unterbewusstsein und deren jeweilige Steuerinstanzen: Hohes, Mittleres und Unteres Selbst oder Inneres Kind.

Grundsätzlich ist nichts dagegen einzuwenden, sich materielle Dinge zu wünschen. Bedenken Sie aber immer die Konsequenzen, z. B. materielle Haltungskosten, Gefahren für einen selbst und die Familie, der Neid der Nachbarn usw.

Ein Beispiel: Ein Mann wünscht sich einen roten Ferrari. Er hat wirklich alles genau richtig gemacht und den Wunsch ans Universum geschickt. Er hat die eigene Garage, die dazu nötig ist, bedacht, den hohen Anschaffungswert und die enorm hohe Versicherung. Er bekommt zu Weihnachten einen roten Ferrari geschenkt. Dieser ist aber nur in der Spielzeugversion als Geschenk »angekommen«!

Warum hat die Wunscherfüllung nicht funktioniert? Der Mann hat einen Sohn, und dieser würde ihm bei Gelegenheit die Schlüssel entwenden und eine »Spritztour« unternehmen. Er würde dabei einen Unfall bauen, und es würde Tote geben. Wenn es jetzt im kosmischen Plan nicht vorgesehen war, dass es diese Toten gibt, wird der Wunsch nicht erfüllt. Das kontrolliert und koordiniert das eigene Hohe Selbst bzw. jenes der Familienmitglieder und sonstigen direkt Betroffenen.

Vorbereitungen

Am Beginn steht das »Füllen des Bechers« (haw. Ki Aha). Dies geschieht durch die Aktivierung eines starken Energiepotenzials durch die Ha-Atmung (siehe S. 34) und eine Visualisierung des bereits erfüllten Gebetswunsches durch eine Mana-Mana-Sendung, die als Nebel oder Wolke zum Hohen Selbst aufsteigt und dort mithilfe von feinstofflicher Substanz zu materieller Realität verdichtet wird. Dies erfolgt zuerst fein- und danach eventuell grobstofflich. Als Bestätigung empfinden Sie den »Regen des Segens« als einen Schwall von Liebe.

Dieses klare Bild definiert Ihre Absicht zur Verwirklichung. Es ist notwendig, Ihre Wunschvorstellung absolut identisch zu wiederholen, bildlich also den Samen laufend mit Energie zu bewässern, damit die Pflanze wächst.

Wichtig ist, dass Sie sich nicht eine Veränderung des momentanen Unvollkommenen wünschen, sondern das Vollkommene als Hier und Jetzt. Erkennen Sie den Unterschied? Einmal kommen Sie aus dem Mangel, einmal aus der Fülle!

- Anderen angetanes Unrecht müssen Sie direkt (beim Opfer) oder indirekt (über gute Taten für andere) wiedergutmachen und alte Schuldkomplexe möglichst weitgehend auflösen. Das Mittlere und das Untere Selbst müssen überzeugt sein, dass das Schuldkonto ausgeglichen ist und beide es verdienen, vom Hohen Selbst Hilfe zu erhalten.
- Formulieren Sie den Wunsch klar in Gedanken, Worten, Schriftzeichen und Bildern – im Bewusstsein der Konsequenzen, die eine Wunscherfüllung in ausschließlich eigener Verantwortung in der Zukunft für Sie haben könnte.
- Durch entsprechende Visualisierungen stellen Sie dem Unteren Selbst zusätzliche Einheiten von Mana und von Mana Mana vom Mittleren Selbst bereit.

- Es darf nur ein Wunsch in ein Gebet gegeben werden, keinesfalls sollten Sie mehrere Wünsche unterschiedlicher materieller Art gemeinsam formulieren. Zwischen verschiedenen Gebeten sollte mindestens eine Stunde Zeit gelassen werden.
- Stellen Sie sich die positive Finalsituation nur als »Was« vor, nicht in den Details des »Wie«, »Wann«, »Wo« etc. Legen Sie sie nicht zu detailliert fest, sondern überlassen Sie es dem Hohen Selbst, die beste Lösung zu finden.
- Danken Sie dem Hohen Selbst.
- Zentrales Anliegen jeder Meditation sollte die Liebe sein, die Liebe vom Mittleren zum Unteren Selbst und von beiden zum Hohen Selbst und umgekehrt sowie zu allem Sein im Kosmos.
- Führen Sie einen »Leitungstest« vom Mittleren zum Unteren Selbst und von diesem zum Hohen Selbst durch, indem Sie eine Mana-Opfergabe ohne eigenes Wunschbild schicken. Empfinden Sie den »Regen des Segens«, ist das Gesamtpaket des Wunsches beim Hohen Selbst angekommen. Dies sagt noch nichts darüber aus, ob der Wunsch erfüllt wird. Das zeigt erst die zukünftige Entwicklung.
- Das Wunschbild muss im Einklang mit den Geistigen Gesetzen, den Lebensweisheiten, dem Huna-Gebot, Ihrem eigenen Kosmischen Plan sowie dem aller Beteiligter stehen. Es muss Realitätsnähe aufweisen.
- Wiederholen Sie das Gebet in gleicher Art und Weise und mit den identischen Bildern, und laden Sie es immer wieder mit Mana auf.
- Sie müssen sich permanent mit allen Sinnen in die neue Situation hineinversetzen, sie in das eigene Leben integrieren und dabei immer Mana und Mana Mana aussenden, damit sich aus dem Samen eine Pflanze und schließlich ihre Frucht bilden. Wachstum erfordert Zeit!

• Auf der physischen Ebene müssen Sie selbst alles tun, um auch persönlich zur Erfüllung des Gebetswunsches beizutragen: Gott hilft dem, der sich selbst hilft.

Anwendung des Rituals

Übung

Sagen Sie 4 Mal »Bitte«.

Nehmen Sie Kontakt vom Mittleren zum Unteren und vom Unteren zum Hohen Selbst auf. Blenden Sie die Alltagsprobleme aus!

Sagen Sie allen positiven, lichten Kräften im Universum Dank für die Unterstützung der Wunscherfüllung.

Formen Sie ein klares Gedankenbild der eindeutigen positiven Finalvorstellung, unterlegt mit den entsprechende Sinneswahrnehmungen und Gefühlsimpulsen.

Glauben Sie an die Wunscherfüllung! Lassen Sie nicht den geringsten Zweifel am positiven Ausgang Ihres Gebets aufkommen.

Danken Sie dafür, dass der Wunsch erfüllt wird. Sie haben es verdient, also äußern Sie kein Bittgesuch, sondern ein Dankgebet.

Laden Sie die Vorräte an Mana und Mana Mana auf, indem Sie vom Mittleren Selbst mit starker Willensenergie das Untere Selbst anweisen, sie an das Hohe Selbst abzugeben.

Meditieren Sie locker und still über das Hohe Selbst, bis beim Mittleren Selbst Gefühle von Liebe aufkommen und der »Regen des Segens« fällt.

Übermitteln Sie telepathisch die positive Finalvorstellung als Wunschbild an das Untere Selbst. Danken Sie dem Unteren Selbst für die Weiterleitung an das Hohe Selbst, indem Sie ihm eine Extraladung Mana senden.

Stellen Sie sich lebhaft den positiven Finalzustand vor, unterlegt mit den entsprechenden Sinnesempfindungen. Sprechen Sie dabei 4 Mal laut Ihren Wunsch aus, und übersenden Sie Mana und Mana Mana zur stofflichen Realisierung des Wunsches durch das Hohe Selbst.

Übergeben Sie den Wunsch an das Hohe Selbst mit den Worten: »Ich lasse das Bild meines Gebetes in deinen Händen, und ich lasse es zu, dass es auf deiner Ebene bereits Wirklichkeit ist und dadurch auch in meiner irdisch-materiellen Dimension Realität werden kann durch meine Willensenergie Mana Mana! Dein Wille geschehe. Lasse den ›Regen des Segens‹ fallen!«

Übergeben Sie jetzt bewusst alles dem Hohen Selbst, und lassen Sie selbst los. Kehren Sie in Ihre eigene Welt zurück. Gehen Sie im festen Glauben daran, dass das Beste zum richtigen Zeitpunkt geschieht, zu anderen Dingen über.

»Danke für die für mich (und für uns) beste Lösung. Amama – es ist getan. Amama – es ist getan. Amama – es ist getan. Amama – es ist getan. Mahalo ke Akua. Danke! Danke! Danke! Danke, liebende Urquelle!«

»Der Mensch wird, was er unablässig denkt.«

(Jean-Paul Sartre)

120

Sie geben den Wunsch als Wachbewusstsein achtsam, bewusst und willentlich gedanklich vor. Im Unterbewusstsein wird er mit Gefühlen aufgeladen und im Überbewusstsein erschaffen.

Das Hohe Selbst ist die einzige Instanz, die den Kosmischen Plan und die universalen Umfeldbedingungen kennt. Es hat als einzige Steuerinstanz auch die Macht, Gedankenformen zu Wirklichkeit zu verdichten.

Das Gebet erhebt sich und fliegt.

Lasse den Regen des Segens niederfallen.

Amama Ua noa ... Lele wale Akua la!

Dank dir, göttlicher Schöpfer und
liebende Urquelle allen Seins!

Mahalo ke Akua.

Folgemaßnahmen

Es ist unbedingt notwendig, dass Sie das Gebet in gleicher Art und Weise und mit den identischen Bildern regelmäßig wiederholen und immer wieder mit Mana aufladen.

Versetzen Sie sich möglichst permanent mit allen Sinnen in die neue Situation hinein. Integrieren Sie sie in das eigene Leben, und senden Sie dabei immer Mana und Mana Mana aus.

Bereiten Sie auch auf der physischen Ebene alles darauf vor, dass Ihr Wunsch erfüllt wird.

Bei der Formulierung dieses Wunschgebetes gibt es überhaupt nur eine Sache von Bedeutung, das sind Sie. Sie sind am wichtigsten! Mit Ihrem freien Willen haben Sie den Wunsch formuliert. Sie taten dies, weil Sie es sich wert sind. Es steht Ihnen zu, die Erfüllung Ihres Wunsches zu erfahren. Dieser Glauben erfüllt Ihr Denken, Fühlen und Handeln. Sie glauben uneingeschränkt an die Wirkung des Geistigen Gesetzes der Fülle und erwarten seine Erfüllung. Diese steht Ihnen zu. Sie sind frei von Negativpotenzialen wie Angst, Schuld, Druck, Wut, Ohnmacht, Hilflosigkeit, mangelnder Eigenliebe und mangelndem Selbstwert. Sie lieben sich und werden geliebt. Sie lieben das Geld, und das Geld liebt sie. Weil das Geld Sie liebt, ist es auch gern bei Ihnen. Bauen Sie eine positive Verbindung zum Geld als »lebender Wesenheit« auf. Beteiligen Sie daran alle Sinne: Sehen Sie die Banknoten konkret in Ihren Händen, auf Ihrem Schreibtisch oder in Ihrer Brieftasche, fühlen Sie das Knistern der Scheine zwischen Ihren Fingern, spüren Sie die Energie des Geldes. Tun Sie so, als wäre Ihr Wunsch bereits erfüllt, und beobachten Sie Ihre Empfindungen. Alles ist in Harmonie, entspricht der universalen Ordnung und den Kosmischen Plänen. Genugtuung, Freude, Sicherheit, Wohlgefühl und Dankbarkeit erfüllen Sie, weil Sie immer genug Geld haben! Ihr Leben ist schön! Danken Sie dafür.

Ausblick

»Geld regiert die Welt.«

Mit dieser Weisheit aus dem Volksmund haben wir unsere gemeinsame Reise begonnen. Jetzt am Ende angekommen, erhebt sich die Frage: Was bedeutet das für mich?
Regiert das Geld auch mich?
Regiere ich das Geld?

Ist Geld in meinem Leben, Glauben, Denken, Fühlen und Tun nunmehr als Ausdruck der Eigenliebe, des Selbstwertes, der wechselseitigen Wertschätzung vollständig integriert? Nehme ich es ohne schlechtes Gewissen uneingeschränkt an? Ist es für mich stimmig, dass ich es besitze und auch immer genug davon haben kann? Diese positiven Programme bestimmen jetzt mein persönliches Geldbewusstsein.
Auch in Bezug auf das Geld, das ich immer in genügendem Maße besitze und besitzen werde, sind für mich Geben und Nehmen im Einklang. Es besteht Harmonie, denn ich gebe auch gerne.

Alles ist fortwährend in Bewegung. Starre, Neid, Geiz und Missgunst haben keinen Platz (mehr) in meinem Leben. Auch in meiner bisherigen Existenz wichtige Glaubenssätze, Programme und karmische Belastungen wie Druck, Stress, Ängste, Schuld, Scham, Schande, Ohnmacht, aufgestaute Hilflosigkeit und mangelnde Eigenliebe wurden bearbeitet, angeschaut, angenommen, aufgelöst und losgelassen.

Liebe bestimmt jetzt wieder maßgeblich mein Leben. Ich besitze genug Eigenliebe, Anerkennung und Selbstwert. Ich bin in meiner Kraft. Ich habe meine eigene Göttlichkeit angenommen und lebe sie.

Geld ist ein fester und vollständig integrierter Bestandteil meines Lebens. Es ist ein Ausdruck der Wertschätzung des Universums für mich und wird von mir auch so gesehen und behandelt. Ich nehme Geld uneingeschränkt und in Dankbarkeit an. Ich wende die »Macht des Geldes« weise, zum Wohle von mir, anderen, der Allgemeinheit und dem großen Ganzen an.

Wie wir gesehen haben, spielt beim Thema des persönlichen Geldbewusstseins die Vergangenheit mit ihren Verdichtungen und Anhaftungen eine große Rolle. Diese bilden die »schwarzen Flecken auf unserer weißen Weste«, die uns davon abhalten, immer in unserer lichten Seite zu sein. In der Spiegelung der dunklen Seite im Außen erfahren wir diese Störfaktoren und können sie in Form wichtiger Lernprozesse anschauen, annehmen, können Verantwortung für sie übernehmen, über sie nachdenken, sie auflösen und loslassen.

Unsere wichtigste Aufgabe ist, in unsere eigene Kraft zu kommen, indem wir unsere eigene Göttlichkeit annehmen und leben. Denn wir sind in Wirklichkeit unsterbliches, reines Bewusstsein, unerschöpfliche Energie, grenzenlose Fülle im Nullpunktfeld des Universums.

Mit unserem freien menschlichen Willen können wir durch die positive Ausrichtung unserer Gedanken bewusst unser Schicksal lenken und ein umfassend positives Verhältnis auch zum Geld aufbauen.

124

Geld hat wieder uneingeschränkt seinen bedeutenden Stellenwert in Ihrem Leben eingenommen. Spiritualität und materieller Geldbesitz schließen sich nun nicht mehr aus. Geld ist nur ein Mittel zum Zweck als Information, Energie und Stoff. Ein Ausdruck unserer individuellen Wertschätzung und wechselseitigen Liebe im universalen Umfeld.
Sie können damit Waffen kaufen oder hungernde Kinder unterstützen. Über seinen Einsatz entscheidet das Geld nicht selbst, das tun wir Menschen mit unserem freien Willen und schaffen damit negative oder positive Wirkungen.

Seien wir dankbar für die in diesem Prozess gemachten Lernerfahrungen, und freuen wir uns über unsere positive und aufbauende Beziehung zum Geld!

Ich habe immer genug Geld.

Danke für die Fülle!

Danke für die Harmonie!

Danke für dieses schöne Leben!

Danke!

Anhang

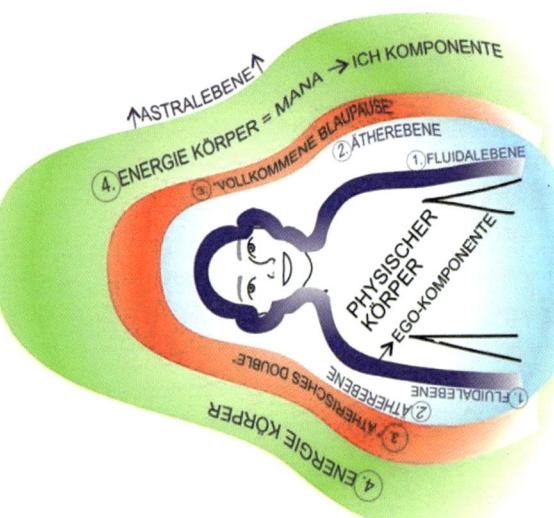

Aufbau der Ätherebene
Magnetische Vitalenergie

Vital- und Lebensenergie (KI + Mana)

1. Fluidalebene:
(magnetisch)
- Magieprogramme
- Selbstverfluchung
- Basisprogramme
- Schockerlebnisse
- Familienprogramme
- Sippenhaftung
- Selbstmord in früheren Leben

2. Elektromagnetische Ätherenergie der Energiespeicherung und -verteilung

3. »Ätherisches Double« = »vollkommene Blaupause«

4. Energiekörper (elektrisch)

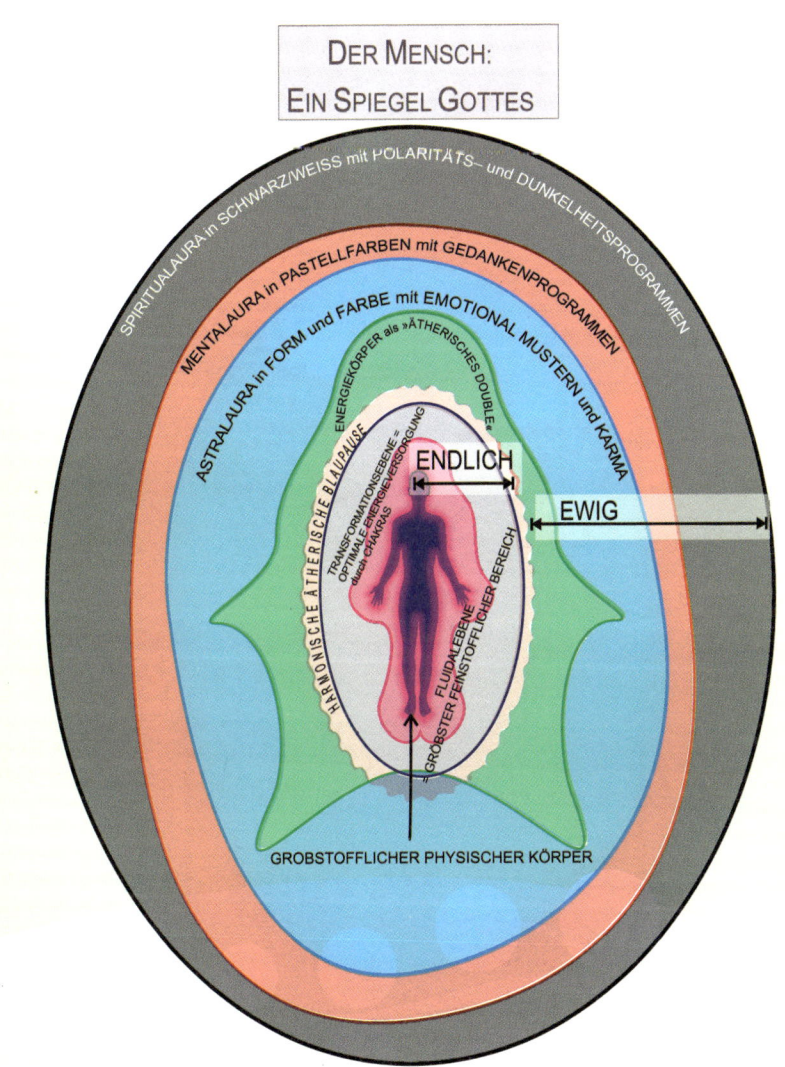

DER MENSCH: EIN SPIEGEL GOTTES

SPIRITUALAURA in SCHWARZ/WEISS mit POLARITÄTS– und DUNKELHEITSPROGRAMMEN

MENTALAURA in PASTELLFARBEN mit GEDANKENPROGRAMMEN

ASTRALAURA in FORM und FARBE mit EMOTIONAL MUSTERN und KARMA

ENERGIEKÖRPER als »ÄTHERISCHES DOUBLE«

HARMONISCHE ÄTHERISCHE BLAUPAUSE

TRANSFORMATIONSEBENE = OPTIMALE ENERGIEVERSORGUNG durch CHAKRAS

FLUIDALEBENE = »GRÖBSTER FEINSTOFFLICHER BEREICH«

ENDLICH

EWIG

GROBSTOFFLICHER PHYSISCHER KÖRPER

127

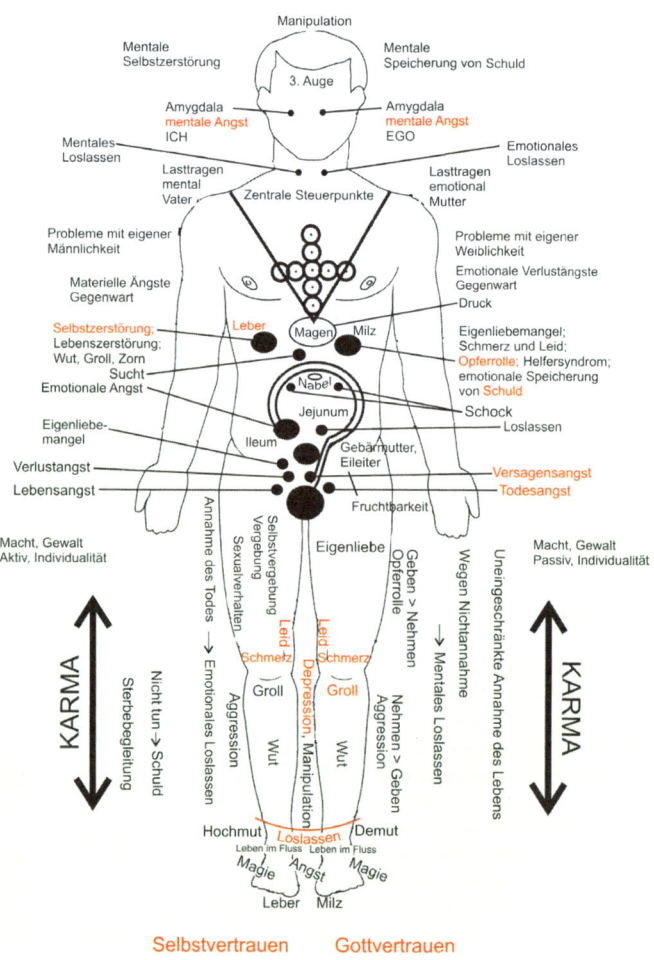

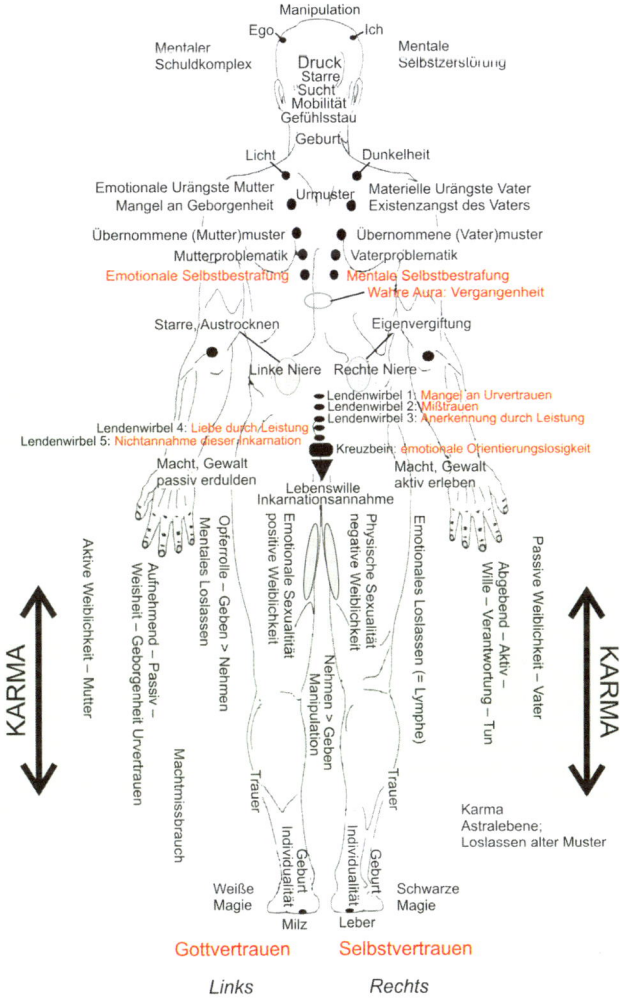

Manipulation

Ego — Ich

Mentaler
Schuldkomplex

Mentale
Selbstzerstörung

Druck
Starre
Sucht
Mobilität
Gefühlsstau

Geburt

Licht — Dunkelheit

Emotionale Urängste Mutter
Mangel an Geborgenheit

Urmuster

Materielle Urängste Vater
Existenzangst des Vaters

Übernommene (Mutter)muster

Übernommene (Vater)muster

Mutterproblematik

Vaterproblematik

Emotionale Selbstbestrafung

Mentale Selbstbestrafung

Wahre Aura: Vergangenheit

Starre, Austrocknen

Eigenvergiftung

Linke Niere — Rechte Niere —

Lendenwirbel 1: Mangel an Urvertrauen
Lendenwirbel 2: Mißtrauen
Lendenwirbel 3: Anerkennung durch Leistung
Lendenwirbel 4: Liebe durch Leistung
Lendenwirbel 5: Nichtannahme dieser Inkarnation
Kreuzbein: emotionale Orientierungslosigkeit

Macht, Gewalt
passiv erdulden

Macht, Gewalt
aktiv erleben

Lebenswille
Inkarnationsannahme

Aktive Weiblichkeit – Mutter

Aufnehmend – Passiv –
Weisheit – Geborgenheit Urvertrauen

Mentales Loslassen

Opferrolle – Geben > Nehmen

Emotionale Sexualität
positive Weiblichkeit

Physische Sexualität
negative Weiblichkeit

Nehmen > Geben
Manipulation

Emotionales Loslassen (= Lymphe)

Abgebend – Aktiv –
Wille – Verantwortung – Tun

Passive Weiblichkeit – Vater

KARMA

KARMA

Machtmissbrauch

Trauer

Trauer

Karma
Astralebene;
Loslassen alter Muster

Weiße
Magie

Individualität

Geburt

Geburt

Individualität

Schwarze
Magie

Milz

Leber

Gottvertrauen

Selbstvertrauen

Links

Rechts

129

KÖRPERZONEN UND STEUERPUNKTE DER SELBSTZERSTÖRUNG
(= Selbstverursachte »Schwarze Magie«)

VORDERSEITE = GEGENWART

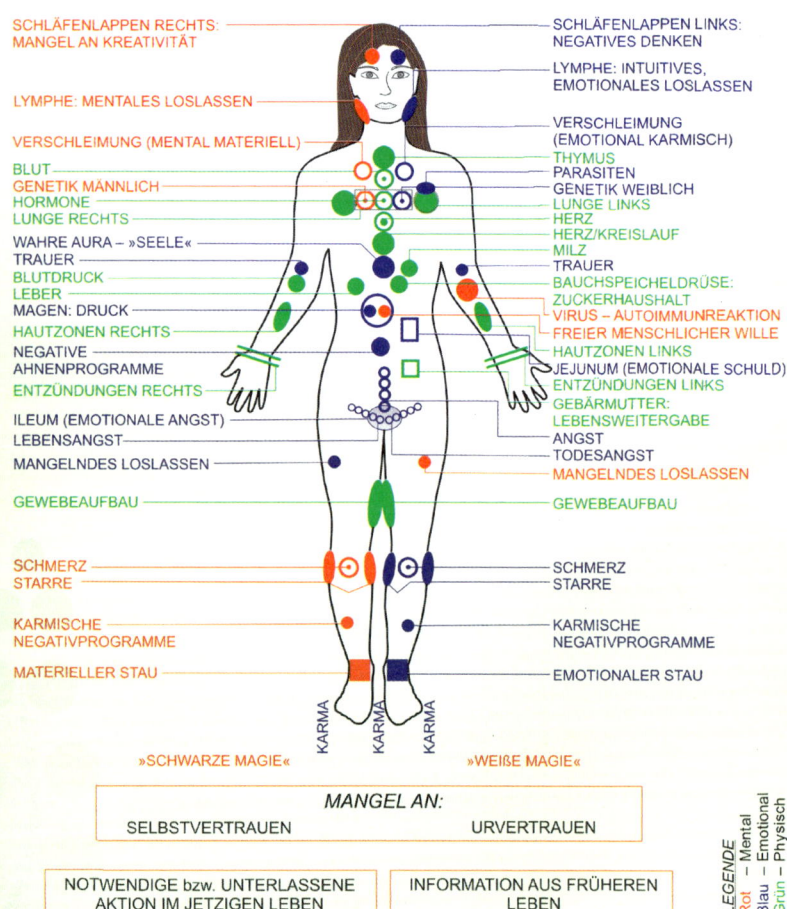

SCHLÄFENLAPPEN RECHTS: MANGEL AN KREATIVITÄT

LYMPHE: MENTALES LOSLASSEN

VERSCHLEIMUNG (MENTAL MATERIELL)

BLUT
GENETIK MÄNNLICH
HORMONE
LUNGE RECHTS

WAHRE AURA – »SEELE«
TRAUER
BLUTDRUCK
LEBER
MAGEN: DRUCK
HAUTZONEN RECHTS
NEGATIVE AHNENPROGRAMME
ENTZÜNDUNGEN RECHTS

ILEUM (EMOTIONALE ANGST)
LEBENSANGST

MANGELNDES LOSLASSEN

GEWEBEAUFBAU

SCHMERZ
STARRE

KARMISCHE NEGATIVPROGRAMME

MATERIELLER STAU

SCHLÄFENLAPPEN LINKS: NEGATIVES DENKEN

LYMPHE: INTUITIVES, EMOTIONALES LOSLASSEN

VERSCHLEIMUNG (EMOTIONAL KARMISCH)
THYMUS
PARASITEN
GENETIK WEIBLICH
LUNGE LINKS
HERZ
HERZ/KREISLAUF
MILZ
TRAUER
BAUCHSPEICHELDRÜSE: ZUCKERHAUSHALT
VIRUS – AUTOIMMUNREAKTION
FREIER MENSCHLICHER WILLE
HAUTZONEN LINKS
JEJUNUM (EMOTIONALE SCHULD)
ENTZÜNDUNGEN LINKS
GEBÄRMUTTER: LEBENSWEITERGABE
ANGST
TODESANGST
MANGELNDES LOSLASSEN

GEWEBEAUFBAU

SCHMERZ
STARRE

KARMISCHE NEGATIVPROGRAMME

EMOTIONALER STAU

KARMA   KARMA   KARMA

»SCHWARZE MAGIE«   »WEIßE MAGIE«

MANGEL AN:

SELBSTVERTRAUEN	URVERTRAUEN

NOTWENDIGE bzw. UNTERLASSENE AKTION IM JETZIGEN LEBEN	INFORMATION AUS FRÜHEREN LEBEN

LEGENDE
Rot – Mental
Blau – Emotional
Grün – Physisch

130

RÜCKSEITE = VERGANGENHEIT

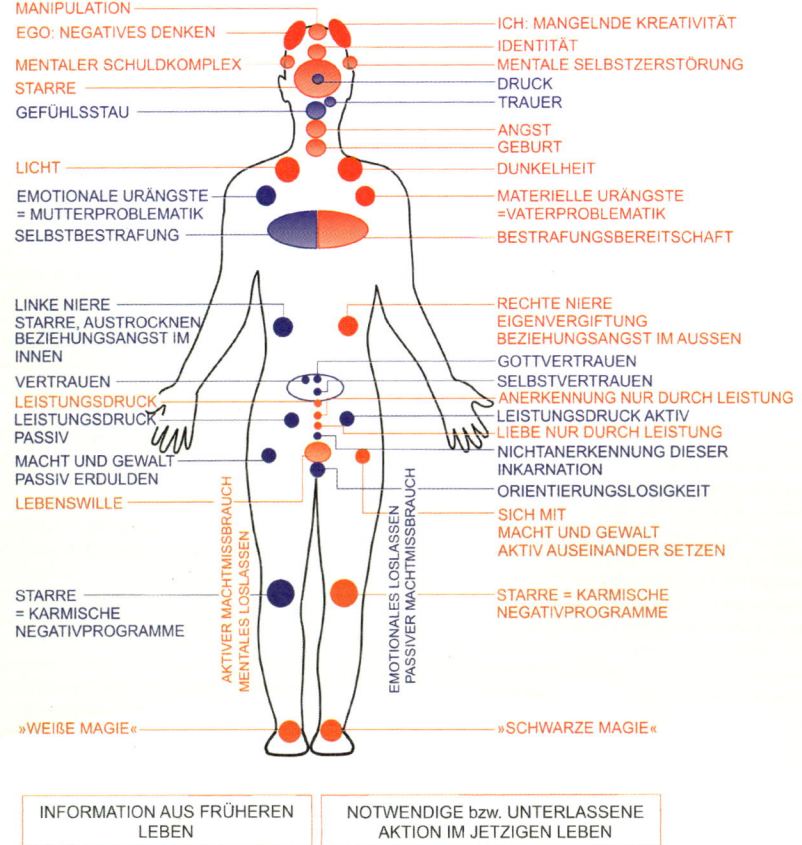

MANIPULATION
EGO: NEGATIVES DENKEN
MENTALER SCHULDKOMPLEX
STARRE
GEFÜHLSSTAU
LICHT
EMOTIONALE URÄNGSTE = MUTTERPROBLEMATIK
SELBSTBESTRAFUNG
LINKE NIERE
STARRE, AUSTROCKNEN
BEZIEHUNGSANGST IM INNEN
VERTRAUEN
LEISTUNGSDRUCK
LEISTUNGSDRUCK PASSIV
MACHT UND GEWALT PASSIV ERDULDEN
LEBENSWILLE
STARRE = KARMISCHE NEGATIVPROGRAMME
»WEISSE MAGIE«

ICH: MANGELNDE KREATIVITÄT
IDENTITÄT
MENTALE SELBSTZERSTÖRUNG
DRUCK
TRAUER
ANGST
GEBURT
DUNKELHEIT
MATERIELLE URÄNGSTE =VATERPROBLEMATIK
BESTRAFUNGSBEREITSCHAFT
RECHTE NIERE
EIGENVERGIFTUNG
BEZIEHUNGSANGST IM AUSSEN
GOTTVERTRAUEN
SELBSTVERTRAUEN
ANERKENNUNG NUR DURCH LEISTUNG
LEISTUNGSDRUCK AKTIV
LIEBE NUR DURCH LEISTUNG
NICHTANERKENNUNG DIESER INKARNATION
ORIENTIERUNGSLOSIGKEIT
SICH MIT MACHT UND GEWALT AKTIV AUSEINANDER SETZEN
STARRE = KARMISCHE NEGATIVPROGRAMME
»SCHWARZE MAGIE«

AKTIVER MACHTMISSBRAUCH
MENTALES LOSLASSEN

EMOTIONALES LOSLASSEN
PASSIVER MACHTMISSBRAUCH

INFORMATION AUS FRÜHEREN LEBEN

NOTWENDIGE bzw. UNTERLASSENE AKTION IM JETZIGEN LEBEN

Nr.	Körperzone	Farbe	Geistiges Gesetz	Negativprogramm der »künstlichen Matrix«
13	Christusbewusstsein	Magenta	Bedingungslose Liebe	Mangel an Liebe und Vertrauen, Identitätslosigkeit, Isolation, mangelnder Lebenswille
12	Kosmisches Bewusstsein	Purpur	Gnade	Verstoß gegen kosmische Pläne, Identitätsverlust, Selbstisolation, spirituelle Depression
11	Alphabereich	Blau/kalte Farben	Fülle	Mangel an Besitz, materielle Verhaftung, Unsicherheit, Armut, Mangel an Harmonie, Weisheit und Wissen
10	Scheitel	Violett	Entsprechung (wie oben, so unten; wie im Innen, so im Außen; wie im Kleinen, so im Großen)	Wissensmissbrauch, Machtgier, Faulheit, Manipulation, Hochmut
9	Stirn/Drittes Auge	Indigo	Geschlechtlichkeit (doppelte Polarität)	Sexualitätsprobleme, Todessehnsucht, mangelndes Zugehörigkeitsgefühl, Mangel an Lebensfreude und Licht, Selbstzerstörungstendenzen
8	Hals/Thymus/ Bronchien	Hellblau/Türkis/ Dunkelgrün	Harmonie	Sprachlosigkeit, mangelnde Kommunikation, aufgestaute Wut
7	Herz: spirituell/emotional physisch	Rosa Lindgrün/Limone	Kausalität (Ursache und Wirkung)	Druck, Energiestau, Groll, Ärger, Eigenwertmangel, Selbstzerstörung, Hass, Abhängigkeit, Leben in Scheinwelten, Sinnlosigkeit, Rache, Sucht
6	Solarplexus/Nabel	Gelb/Gold	Resonanz	Druck, Schuld, Ohnmacht, Stress, Mobbing, Machtmissbrauch, Egoismus, schwarze Magie, Mangel an Willensenergie
5	Unterbauch/Sakral- bereich	Orange/Hellrot	Schwingung und Rhyth- mus	Angst, Neurosen, Phobien, Mangel an Vergebung, Selbstvergebung und Loslassen
4	Beckenboden/ Wurzelebene	Rot/warme Farben	»Vier Gesichter Gottes«	Mangel an Ur-, Gott- und Selbstvertrauen, Erdung, Selbstakzeptanz, Inkarnationsannahme, Trennung von Innen und Außen
3	Omegabereich		Trinität	Mangelndes Loslassen, Nichtannahme von Verlust- erfahrungen, Leere, karmische Stauprogramme
2	Knie/Unterschenkel	Rostrot	Polarität/Dualität	Widerstand, Schmerz, Leid, Starre, Verbitterung, mangelnde Karmaverarbeitung, Freud- und Sinnlosigkeit
1	Füße	Dunkelrot	Geistigkeit, Einheit, Ganzheit, Vollkom- menheit	Mangel an Vertrauen, Isolation, Trennung von Innen und Außen

132

Über den Autor

Diethard Stelzl ist promovierter Nationalökonom. Er arbeitete über 20 Jahre lang weltweit als international anerkannter Textilunternehmer. Seit über 35 Jahren beschäftigt er sich in Theorie und Praxis mit Huna, dem Gedankengut Hawaiis, und seit mehr als 40 Jahren widmet er sich spirituellen Fragen, dem Schamanismus, Mentaltechniken des positiven Denkens, Themen der Komplementärmedizin, Bioresonanztechniken, Licht und Farben, sakraler Geometrie, der Entwicklung des Lichtkörpers, intuitiver Steinheilkunde sowie alten Weisheitslehren. Er ist Vortragsredner, Seminarleiter und Buchautor und lebt oberhalb des Millstätter Sees in Kärnten und auf der Götterinsel Bali.

Mehr Informationen erhalten Sie unter:

www.huna-seminare.at

Literatur

Eker, T. Harv: So denken Millionäre. Heyne: München 2010

Helsing, Jan van: Hände weg von diesem Buch. Amadeus: Fichtenau 2004

Horstmann, Ulrich; Mann, Gerald: Bargeldverbot. Finanzbuch: München 2015

Kuby, Beate: Materielle Selbstermächtigung. Vom erlösten Umgang mit Geld und Materie. Schirner: Darmstadt 2012

Lanchester, John: Die Sprache des Geldes und warum wir sie nicht verstehen (sollen). Klett-Cotta: Stuttgart 2015

Lassen, Arthur: Geld macht glücklich. LET: Bruckkobel 2008

Morris, Michael: Was Sie nicht wissen sollen (2 Bände). Amadeus: Fichtenau 2014

Northrup, Kate: Das liebe Geld. Leo: Berlin/München 2014

Plummer, Joseph: Betrügerisches Geld. Kopp: Rottenburg 2015

Roman, Sanaya; Duane, Packer: Kreativ Reichtum schaffen. Spiritueller Umgang mit Geld und Fülle. Allegria (Ullstein): Hamburg/Berlin 2014

Scheinfeld, Robert: Raus aus dem Geldspiel. Börsenmedien: Kulmbach 2012

Schreyer, Paul: Wer regiert das Geld? Westend: Frankfurt/Main 2016

Stelzl, Diethard: Das Huna-Kompendium. Schirner: Darmstadt 2009/2015

Stelzl, Diethard: Ho'oponopono. Schirner: Darmstadt 2013

Stelzl, Diethard: Holo Holo – Freude statt Stress. Koha: Burgrain 2014

Stelzl, Diethard: Huna Huna. Schirner: Darmstadt 2014

Stelzl, Diethard: Huna-Einführung. Schirner: Darmstadt 2011

Wattles, Wallace D.: Die Wissenschaft des Reichwerdens. Nihol: Hamburg 2013

Weiss, Thorsten: Spirituelles Geldbewusstsein. Schirner: Darmstadt 2013

Wessbecher, Harald: Die Energie des Geldes. Finanzielle Freiheit durch spirituelles Geldbewusstsein. Heyne: München 2010

Abbildungsverzeichnis

Bilder von Dr. Diethard Stelzl:
S. 26, S. 34, S. 91, S. 93, S. 100, S. 126, S. 127, S. 128, S. 129, S. 130, S. 131

Bilder von der Bilddatenbank Shutterstock:
Layoutelemente: Ast #301942088 (©Juliann), Punkte #395959666 (©Elena Paletskaya)

S. 10: #221793769 (©pogonici), S. 13: #391151584 (©agsandrew), S. 14: #254824690 (©CHOATphotographer), S. 16: #441029755 (©milan-zeremski), S. 25: #185226908 (©Axel Bueckert), S. 28: #184528325 (©Dirima), S. 30: #203494846 (©patrice6000), S. 37: #239296300 (©Nikki Zalewski), S. 37: #442309531 (©Sokolenko), S. 40: #371040014 (©Bildagentur Zoonar GmbH), S. 45: #61404511 (©Karin Hildebrand Lau), S. 51: #130125755 (©Evgeny Atamanenko), S. 56: #130814213 (©Ditty_about_summer), S. 68: #79328326 (©Galyna Andrushko), S. 82: #116308210 (©gualtiero boffi), S. 88: #37764400 (©gravicam), S. 89: #85352581 (©Tischenko Irina), S. 104: #222396772 (©Maridav), S. 108: #348225164 (©pittawut), S. 112: #101720191 (©Sinisa Botas), S. 132: #137014148 (©Lole)

www.shutterstock.com

Außerdem von Dr. Diethard Stelzl im Schirner Verlag erschienen

Das Huna-Kompendium
*Therapeutische Anwendungen
der schamanischen Weisheit Hawaiis*
544 Seiten
ISBN: 978-3-8434-1181-3

Huna Huna
*Mit Ho'oponopono und Haipule
zum Leben der Träume*
200 Seiten
ISBN: 978-3-8434-1162-2

Energetischer Schutz
Übungen zum Erhalt der eigenen Kraft
112 Seiten
ISBN: 978-3-8434-5116-1

Energetische Reinigung
Fremdenergien lösen
112 Seiten
ISBN: 978-3-8434-5127-7